U0686906

科技成果就地转化模式
与应用研究

成　峥　著

中国商务出版社
·北京·

图书在版编目(CIP)数据

科技成果就地转化模式与应用研究／成峥著.

北京：中国商务出版社，2024.9. -- ISBN 978-7-5103-5259-1

Ⅰ.F124.3

中国国家版本馆 CIP 数据核字第 2024XE0559 号

科技成果就地转化模式与应用研究

成　峥　著

出　　　版：	中国商务出版社有限公司	
地　　　址：	北京市东城区安定门外大街东后巷 28 号　　邮　　编：100710	
网　　　址：	http://www.cctpress.com	

联系电话：010-64515150（发行部）　　010-64212247（总编室）

　　　　　　　010-64243656（事业部）　　010-64248236（印制部）

责任编辑：谢星光

排　　版：郑州博图文化传播有限公司

印　　刷：北京九州迅驰传媒文化有限公司

开　　本：787 毫米×1092 毫米　　1/16

印　　张：7.25		**字　　数**：127 千字	
版　　次：2024 年 9 月第 1 版		**印　　次**：2024 年 9 月第 1 次印刷	

书　　号：ISBN 978-7-5103-5259-1

定　　价：45.00 元

凡所购本版图书如有印装质量问题,请与本社印制部联系

版权所有　盗版必究(盗版侵权举报请与本社总编室联系)

前　言

在科技日新月异的今天,科技成果的转化与应用已成为推动经济社会发展的重要引擎。然而,传统的科技成果转化模式往往面临着诸多挑战,如转化周期长、成本高、风险大等问题,这在一定程度上制约了科技成果的广泛应用和产业化进程。科技成果的就地转化,不仅意味着科研成果从实验室到市场的快速流动,更代表着一种创新生态的形成,一种将知识、技术与市场需求紧密结合的发展模式。因此,探索科技成果就地转化模式及其应用,对于促进科技与经济深度融合、提升国家整体创新能力具有重要意义。

本书以科技成果就地转化的组织管理与协调为切入点,介绍了科技成果就地转化的人才队伍建设,阐述了科技成果就地转化的技术支撑体系,并对科技成果就地转化的模式与应用进行了深入研究。希望本书能够为读者在科技成果就地转化模式与应用研究方面提供帮助。

本书在撰写过程中参阅了大量同领域的专著及文献,在此向这些作品的作者表示衷心感谢。由于时间仓促,书中难免存在疏漏,不足之处恳请读者批评指正。

成　峥

2024 年 6 月

目　录

第一章　科技成果就地转化的组织管理与协调

第一节　组织架构的设计

一、组织架构设计的基本原则

（一）目标一致性

目标一致性原则要求组织内部各个部门和成员的目标必须与组织总目标保持高度一致，形成目标上的协同效应，最终实现组织使命。这一原则贯穿组织架构设计的全过程，有利于推进科技成果就地转化。

组织目标是组织存在的基础和全部活动的出发点。科技成果就地转化涉及研发、生产、市场等环节，需要组织内部各部门的通力合作。如果各部门目标不一致甚至相互冲突，就难以形成合力，科技成果转化的效率必然大打折扣。反之，如果组织上下目标一致，全员都以实现组织使命为己任，科技成果转化就能事半功倍。

目标一致性原则对组织架构设计提出了明确要求。首先，要根据组织自身定位和环境特点，制定清晰、可测、有挑战性的战略目标，为全体成员指明前进方向。其次，要建立健全的目标分解和传达机制，确保组织总目标能够有效分解到各部门和岗位，使每一位成员都能明确自身工作与组织目标的关联，主动将个人目标与组织目标对齐。最后，要完善绩效考核和激励机制，将员工绩效与组织目标挂钩，调动全员参与科技成果转化的积极性和创造性。

（二）稳定性与灵活性平衡

一方面，组织架构要具有足够的稳定性，确保组织能够在相对稳定的结构下高效运转，各部门职责边界清晰，工作有序开展。过于频繁的组织架构调整会导致内部人员的不适应，影响工作效率和员工士气。另一方面，组织架构要保持一定的灵活性，以适应外部环境和内部条件的变化。现代组织面临的市场环境复杂多变，技术进步日新月异，客户需求个性化趋势明显，这就要求组织架构能够灵活调整，快速响应变化。

在实践中，平衡组织架构的稳定性和灵活性需要因企而异、因时而变。不同行业、不同发展阶段的组织，其稳定性和灵活性的需求是不一样的。例如，处于成熟期的大型制造企业，其组织架构可能更加注重稳定性，强调标准化、规范化管理；而处于成长期的互联网企业，其组织架构则需要足够灵活，以适应业务的快速发展和市场环境的频繁变化。即便是同一企业，在不同发展阶段也需要动态调整组织架构的稳定性和灵活性。创业初期，组织架构往往比较扁平化、灵活多变；而随着企业规模的不断扩大，组织架构逐渐向纵深发展，稳定性的需求日益凸显。

在设计组织架构时，需要综合考虑企业自身的行业特点、发展阶段、战略目标等因素，在稳定性和灵活性之间找到最佳平衡点。这就要求组织架构设计者具有全局视野和前瞻思维，既要立足当下，满足组织稳定运行的需要；又要放眼未来，为组织的可持续发展预留空间。在实践中，可以运用矩阵式、项目式、虚拟式等先进的组织架构形式，在保证核心架构稳定的基础上，促进组织跨层级、跨部门的灵活协同。

组织架构的稳定性与灵活性需要与企业文化、领导方式等软实力相匹配。企业文化强调创新的，其组织架构往往更加扁平化、灵活多变；而企业文化强调等级、服从的，其组织架构则相对规范、刚性。领导方式开明、授权度高，有利于下属部门灵活应变；领导方式专制、授权度低，则往往制约组织的灵活性。因此，组织架构的稳定性与灵活性的平衡，需要与企业文化建设、领导方式转变等工作相互配合、协同推进。

（三）职责明确性

职责明确性原则强调组织内部各部门及其成员的职责边界和权限范围应该清晰界定，避免出现职责重叠或混淆的情况。在科技成果就地转化的组织管理中，职责明确尤为重要。科技成果转化是一个复杂的系统工程，涉及科研、生产、市场等环节，需要研发、工程、营销等不同职能部门的协同配合。因此，在设计组织架构时，必须遵循职责明确性原则，厘清各部门在科技成果转化中的定位和任务，明确其决策权限和责任边界，确保工作有序开展。职责明确性原则要求组织架构设计应着重考虑以下方面。

1. 结合成果转化流程明确分工

科技成果转化通常包括技术开发、中试放大、工程化、产业化等环节，组织架构设计应以此为基础，设置相应的职能部门，如研发中心、中试车间、工程技术部、市场营销部等，并明确各自在转化流程中的任务分工和协作方式。

2. 根据任务特点划分权责

不同职能部门承担的任务在专业性、复杂度、风险性等方面存在差异，组织架构设计应综合考虑这些因素，对各部门的权限和责任做出合理划分。例如，研发中心应赋予较大的技术决策自主权，工程技术部则应强化成本控制责任等。

3. 建立健全的协调机制

科技成果转化链条长、涉及面广，跨部门协作不可避免。因此，组织架构设计中需要嵌入顺畅的沟通协调机制，明确跨部门工作流程和对接人，定期组织联席会议，消除信息壁垒，化解职责交叉带来的矛盾冲突。

4. 注重岗位职责的动态优化

在科技成果转化过程中，可能出现一些新情况、新问题，需要组织架构及时应对，动态调整。因此，应建立岗位职责的定期评估机制，根据实际运行中的职责真空或交叉情况，优化调整各部门及成员的工作任务，确保组织整体运行的有序性。

二、组织架构的类型与选择

（一）函数型组织架构

函数型组织架构是以职能分工为基础的组织结构形式，其核心特征是按照组织内部的专业化分工设置部门，每个部门负责特定的职能领域。在这种组织架构下，各部门之间通过上下级的指挥关系和横向的协调机制实现协同运作，共同完成组织目标。

函数型组织架构具有明确的优势。首先，它能够实现专业化分工，提高组织运作效率。通过将相似或相关的工作任务集中在一个部门，员工可以专注于特定领域，积累丰富的专业知识和经验，从而提高工作效率和质量。其次，函数型组织架构有利于统一管理和控制。由于各部门在职能上相对独立，高层管理者可以对各部门实施集中管控，确保组织决策和行动的一致性。最后，这种组织架构易于实现规模经济效应。通过集中采购、统一配置资源等方式，组织可以降低运营成本，提高资源利用效率。

函数型组织架构存在一定局限性。首先，部门之间容易出现本位主义倾向，影响组织整体利益。由于各部门职责分明，员工往往更关注本部门的目标和利益，而忽视组织的整体利益，导致部门之间无法协同工作。其次，这种组织架构的信息传递和沟通效率较低。信息和决策需要逐级传递，可能出现失真、延迟等问题，影响组织对市场变化的反应速度。最后，职能部门之间的壁垒也不利于知识共享和创新。

函数型组织架构适用于一些特定场景。首先，在相对稳定的市场环境中，组织所处行业的技术、产品、客户需求变化较为缓慢，函数型组织架构能够发挥专业化分工的优势，保证组织高效运转。其次，对于规模较小、业务单一的组织，函数型架构有助于实现管理的集中控制和资源的有效配置。最后，对于追求规模经济效应的组织，如大规模制造企业，通过专业化分工和集中管理，能够有效降低生产成本，提高产品质量的一致性。

（二）产品型组织架构

产品型组织架构是一种以产品线为核心，围绕产品开发和交付流程来构建的组织结构形式。在这一架构下，企业的各个部门和团队都围绕着特定的产品线展开工作，形成了一个个相对独立又相互协作的产品团队。这种组织架构打破了传统的职能型分工，将研发、生产、营销等环节有机整合，实现了产品开发全流程的高度协同。

产品型组织架构的核心在于赋予产品团队更大的自主权和灵活性。产品经理作为产品团队的负责人，全权负责产品从概念设计到最终交付的整个生命周期管理。他们需要协调各部门资源，制订产品规划和发展路线图，快速响应市场变化和用户反馈。在这一过程中，跨部门沟通和协作是产品成功的关键。研发、生产、营销等部门需要围绕产品目标形成合力，及时分享信息和解决问题，确保产品能够高质量、低成本、快速地投放市场。

产品型组织架构特别适用于产品种类多样、迭代频繁的企业。互联网企业就是典型的代表，他们往往需要同时开发和维护多条产品线，且产品更新速度快，需要快速响应市场变化。产品型组织架构使每个产品团队都能专注于自己的产品，灵活调配资源，加快产品迭代和创新的速度。同时，不同产品线之间能够共享技术和经验，实现资源的最大化利用。

产品型组织架构存在一些局限性。一方面，产品线之间的界限有时难以清晰划分，容易出现职责交叉和资源争夺的问题。另一方面，过于独立的产品团队可能导致部门墙和信息孤岛，影响全公司层面的战略协同。因此，在实施产品型组织架构时，企业需要建立健全的沟通协调机制，平衡好产品线自主性和公司整体战略的关系，确保组织的高效运转。

（三）矩阵型组织架构

矩阵型组织架构有效融合了函数型和产品型组织架构的特点，在一定条件下能够发挥独特的优势。

从结构上看，矩阵型组织架构在纵向依然保留了职能部门，负责专业技术支持和资源配置；在横向则设置了以产品或项目为导向的团队，负责具体的任务执行。这种矩阵式架构设计有利于打破部门壁垒，促进组织内部的沟通协作。

从运作机制来看，矩阵型组织架构强调"双重领导"，即职能经理和项目经理对团队成员实施共同管理。职能经理负责为团队提供专业指导，确保其工作符合公司整体标准；项目经理则全权负责项目进度和质量，调动各方资源确保目标实现。这种制衡机制避免了权力过于集中，有利于决策的科学性和执行力的提升。

矩阵型组织架构的独特优势在于资源的高效配置。在矩阵型组织架构中，职能部门和项目团队形成矩阵式交叉，员工可以同时隶属于不同的团队。这种灵活的资源调配方式，能够最大限度地发挥人力资本的效用，快速响应市场变化。

矩阵型组织架构为员工成长提供了广阔的舞台。通过参与不同项目和团队，员工能够接触到多元化的工作内容，快速积累经验、拓宽视野。频繁的横向协作和沟通，也有助于员工的综合能力提升，特别是跨部门工作的协调能力、大局观意识等。

推行矩阵型组织架构需要一定的前提条件。首先，组织规模不宜过大，管理幅度应控制在合理范围内，否则容易导致管理成本上升、决策效率低下等问题。其次，组织文化应该开放、包容，鼓励创新、重视协作，为矩阵型组织架构的落地提供良好的土壤。最后，组织领导者需要加强"放权"意识，建立科学的授权机制和绩效评价体系。

三、组织架构的评估与优化管理

（一）诊断与评估

组织架构的诊断与评估是科技成果就地转化过程中一项至关重要的工作。通过系统地审视组织架构，识别其中存在的问题，分析这些问题可能带来的负面影响，领导有的放矢地进行组织优化和调整，为科技成果的高效转化扫清障碍。

诊断和评估的首要任务是全面了解组织架构的现状。这需要领导深入一线，通过观察、访谈、问卷等方式，收集组织架构的第一手资料。在此基础上，领导要运用专业的分析工具和方法，如 SWOT 分析、流程分析、网络分析等，对组织架构进行系统梳理，准确把握其运行机制和特点。只有对组织架构的现状有了清晰、全面的认知，才能找准问题症结所在。

组织架构问题的表现形式多种多样，但都会影响组织的运行效率和效果。例如，职责不清、权责不对等会导致工作推诿、效率低下；部门间缺乏沟通协调会造成资源浪费、工作重复；决策链条过长会影响组织的反应速度和执行力。这些问题如果得不到及时发现和解决，将严重制约成果转化的进程和质量。

诊断和评估要关注组织架构存在的各类问题，尤其是那些影响科技成果转化的关键环节和要素的问题。例如，在成果转化的中后期，生产、销售等职能部门的协同至关重要，如果相关部门职责界定不清、缺乏有效沟通，就很容易出现生产与市场需求脱节、产品推广不力等问题，直接影响成果转化的效果。再如，科技成果转化往往需要多部门、多团队协作，跨部门的项目管理和流程控制是其中的关键，如果缺乏统一、高效的组织管理，就难以形成合力，影响成果转化的进度和成效。

诊断和评估要着眼长远，分析组织架构问题的深层次原因，预判其对组织未来发展的影响。很多组织架构问题是日积月累、逐渐显现的。例如，随着科技成果转化项目的不断推进，组织规模和人员也在不断扩张，如果组织架构不能适时调整，管理幅度、管理层级设置不合理等问题就会日益突出，成为制约组织发展的重要因素。又如，一些组织结构调整缺乏战略性考虑，为应对眼前问题"头痛医头、脚痛医脚"，缺乏整体规划，长此以往就会让组织架构失衡，对组织未来的可持续发展构成隐患。诊断和评估时要重点关注这些深层次、长远性的问题。

（二）优化管理

组织架构的优化不仅是简单地调整结构和流程，更是对组织运作方式、管理理念、员工行为模式的转变和调整。如果缺乏有效的优化管理，组织架构优化很可能陷入困境，甚至引发组织震荡和内部抵触。因此，组织领导者必须重视优化管理，采取科学、系统的方法，确保组织架构优化的顺利推进和落地生根。

1. 明确优化目标和策略

组织领导者要深入分析组织架构优化的必要性和紧迫性，系统梳理优化调整可能带来的机遇和挑战，在此基础上提出清晰、可行的优化目标和实施策略。这一过程需要广泛听取各方意见，尤其是一线员工的想法和建议，确保优化方案符合组织实际，具有较强的可操作性。同时，优化目标和实施策略还应与组织的战略发展规划相契合，体现前瞻性和引领性。只有目标明确、策略清晰，优化管理才能有的放矢，避免盲目推进和反复试错。

2. 赢得组织成员的理解和支持

组织架构优化往往意味着权力结构、利益格局的调整，容易引发部分员工的抵触情绪和不安全感。为了化解这种负面情绪，组织领导者要通过多种渠道，向员工充分说明优化的必要性和积极意义，消除其疑虑和担忧。同时，还要建立畅通的沟通反馈机制，及时了解员工的想法和诉求，并给予积极回应。只有让员工真正参与优化过程，成为优化的主体力量，才能激发其主人翁意识和积极性，凝聚组织优化的强大合力。

3. 加强组织文化建设

组织架构优化不仅涉及"硬件"层面的结构调整，更需要"软件"层面的文化重塑。高效、协同的组织架构必须以先进、共享的组织文化为支撑。因此，在推进组织架构优化的同时，组织领导者要着力加强组织文化建设，倡导创新、协作、敬业、奉献的价值理念，营造开放、包容、互信的组织氛围。要通过文化培训、团队拓展等方式，提升员工的文化认同感和归属感，引导其树立正确的职业观和价值观。只有形成强大的文化向心力,组织架构优化才能焕发出持久的生命力。

4.应对优化带来的震荡

组织架构优化难免会打破原有的平衡,触动既得利益,引发一定程度的组织阵痛。这就要求组织领导者做好应对预案,采取有力措施,最大限度地减轻变革阵痛。一方面,要建立健全的过渡期保障机制,维护员工的合法权益,确保组织运转平稳有序;另一方面,要加强人文关怀,对受影响较大的员工给予更多支持,帮助其尽快适应角色转换。与此同时,还要完善绩效考核和激励机制,充分调动员工的积极性和创造性,让其在变革中收获成长和发展。

四、组织架构的实施与评估

(一) 实施规划

实施规划是组织架构变革成功的关键。制订周密、细致的实施规划,有助于明确调整的具体步骤,协调各方资源,确保组织架构调整的平稳推进。

实施规划需要进行风险评估,全面分析组织架构调整可能带来的影响,包括员工的适应情况、部门间的协作效率、业务流程的顺畅度等,提前识别潜在风险并制订应对预案。这一环节需要充分听取各层级员工的意见和建议,增强员工的参与感和认同感。

实施规划应明确时间表和里程碑。根据组织架构调整的复杂程度,合理设置推进节奏,避免操之过急或进度滞后。通过划分阶段性目标,制订详细的行动方案,明确每个阶段的重点任务、责任人和完成时限,确保调整在可控范围内稳步推进。同时,要建立有效的监控和反馈机制,及时跟踪调整进展,发现并解决实施过程中遇到的问题,必要时调整实施策略。

实施规划需要重点关注员工的适应情况与能力提升。组织架构的调整往往意味着岗位职责、工作流程、汇报关系等方面的变化,员工需要适应新的工作环境和要求。为了帮助员工更好地适应调整,实施规划应包含针对性的培训和沟通计划。通过开展岗位技能培训、调整宣讲会等活动,员工可以明确自身在新架构下的定位和职责,掌握必要的知识和技能,消除调整带来的不确定性和焦虑感。管理层还要通过多种渠道加强与员工的沟通,及时传递调整信息,回应员工关切的问题，赢得员工对调整的理解和支持。

（二）评估标准

评估组织架构效果的关键在于建立科学、全面、可操作的评估指标体系。这一体系应涵盖组织架构的各个层面，既要关注组织整体绩效，又要兼顾各部门、各岗位的运作情况。在制定评估指标时，需要充分考虑组织的战略目标、业务特点和发展阶段，确保指标与组织实际相契合。

从宏观层面看，评估指标应包括组织的生产效率、经营业绩、市场竞争力等反映整体绩效的关键指标。这些指标能够全面衡量组织架构优化的成效，判断其是否有效支撑组织战略的实现。同时，还要关注组织的创新能力、应变能力、可持续发展能力等，以评估组织架构的灵活性和适应性。

从微观层面看，评估指标应深入到各部门、各岗位，考察其职责履行、流程运作、协作配合等方面的情况。通过设置部门绩效指标、岗位考核指标，可以及时发现组织架构在具体运行中存在的问题，提供持续优化的依据。例如，可以通过衡量部门的任务完成率、项目进度、资源利用效率等指标，评估部门职能设置的合理性；通过考察岗位工作质量、工作效率、创新贡献等指标，评估岗位设置的科学性。

除了关注硬性的绩效指标，组织架构评估还应重视软性因素的影响。组织文化、员工满意度、团队凝聚力等都是评判组织架构优劣的重要维度。一个高效、灵活的组织架构，应该能够营造积极向上的组织氛围，激发员工的工作热情和创造力，增强组织的向心力和归属感。因此，在设计评估指标时，也要纳入员工满意度调查、组织氛围测评等内容，以更加立体、全面地反映组织架构的实际效果。

（三）持续改进

持续改进要求组织在实施新架构后，持续关注其运行效果，及时识别出现的问题，并采取针对性的改进措施。这一过程需要建立在科学、规范的评估体系之上，通过收集各方反馈，分析关键绩效指标，诊断组织架构存在的不足，有的放矢地开展持续改进。

1. 明确持续改进的目标和原则

持续改进要以提升组织绩效、实现战略目标为导向，遵循组织发展的客观规律。这就要求组织领导者具备战略思维和全局视角,能够准确把握内外部环境变化,前瞻性地规划组织架构调整的方向和重点。同时,持续改进还应坚持以人为本、激发动力的原则,关注组织成员的需求和反馈,调动各方面的积极性和创造力,形成良性互动、共同进步的良好局面。

2. 建立多维度的评估指标体系

科学的评估是持续改进的基础,而构建符合组织实际、覆盖全面的指标体系则是评估工作的首要任务。一个有效的评估指标体系应该兼顾财务绩效和非财务绩效、短期目标和长期目标、显性成果和隐性效益等维度,既要关注经济效益、市场表现等显性指标,也要重视组织氛围、员工满意度、创新能力等软性因素。只有全面审视组织运行状况,才能准确诊断组织架构的问题症结,为持续改进提供可靠依据。

3. 重视过程管理和动态跟踪

持续改进是一个渐进式的动态优化过程。这就需要组织在架构调整实施后,密切关注各环节的运行情况,及时收集过程数据和一线反馈信息,动态掌握架构运行的成效和偏差。通过建立定期评估、阶段总结等机制,组织可以在运行中不断校准和优化方案,调整实施节奏和力度,将持续改进落实到组织运转的每个细节。一个成熟的组织往往能在动态变化中保持定力,在磨合碰撞中砥砺前行,最终实现组织架构和战略目标的协同共振。

4. 营造支持优化的组织文化

持续改进对组织而言是一个不断突破舒适区的过程,难免会触动既得利益格局,遭遇各种阻力和困难。因此,组织需要塑造鼓励创新、宽容失败的文化氛围,在全体成员中形成拥抱改进、追求卓越的共识和勇气。领导者应通过理念引领、榜样激励等方式,为持续改进营造良好的文化氛围。同时,组织还应注重赋能授权,为基层一线提供必要的资源支持和决策空间,使之成为优化的中坚力量和创新源泉。

第二节 转化流程管理

一、科技成果评估与筛选

(一) 成果评估的标准与流程

科技成果评估需要从多个维度来考量成果的价值和转化潜力。首先，要评估成果的技术先进性和创新性，判断其是否代表了该领域的前沿水平，是否具有原创性和突破性。其次，要分析成果的应用前景和市场潜力，估算其商业化后可能带来的经济效益和社会效益。再次，要审视成果的成熟度和完善度，考核其是否已经形成完整的技术方案，是否具备工程化、产业化的条件。最后，要评估成果的知识产权状况，确保其拥有明晰、合法的知识产权，不存在侵权风险。

基于以上评估维度，可以建立一套科学、量化的评估指标体系，赋予各项指标合理的权重，形成综合评分机制。通过专家评审、市场调研等方式，收集各项指标数据，计算综合评分，据此筛选出优质的科技成果。评估专家应该来自技术、市场、法律等不同领域，以保证评估视角的专业性和全面性。

科技成果的评估需要遵循规范化的流程。首先，要制订明确的评估计划，确定评估的时间表、参与人员、工作分工等。其次，要广泛搜集候选科技成果，通过科技查新、专利检索等方式，全面了解各类成果的基本情况。再次，要组织专家对候选成果进行初筛，排除明显不符合条件的成果，缩小评估范围。再次，要对入围成果开展全面细致的评估，形成书面的评估报告。最后，要召开评审会议，由专家组对评估结果进行审议，遴选出拟转化的优质科技成果。

(二) 筛选机制的建立

科技成果转化是一个复杂的系统工程，涉及技术、市场、资金、人才等方面因素。要从众多的科技成果中甄别出最具产业化前景的成果，需要制定严谨、规范的筛选标准和流程。

1. 筛选机制应建立在对科技成果的全面评估基础上

评估不仅要考量成果的技术先进性、经济可行性，还要权衡其市场前景、社会效益等因素。通过构建多维度、多指标的评估体系，可以较为客观、准确地判断科技成果的转化价值。同时，评估过程应充分吸收行业专家、企业代表的意见和建议，增强筛选的针对性和有效性。

2. 筛选机制应具有开放性和包容性

随着新兴产业的崛起，许多交叉学科、颠覆性技术不断涌现。传统的学科分类和评价标准可能难以全面评估这些创新成果的价值。因此，筛选机制要与时俱进，突破固有模式的束缚，为新颖独特的科技成果提供展示舞台。同时，要为不同类型的创新主体提供公平竞争的机会。

3. 筛选机制应与转化主体的需求紧密结合

不同类型的企业在技术创新、产品研发方面有着不同的诉求。筛选机制要深入了解企业的需求，有针对性地推荐契合其发展方向的科技成果。这就要求建立畅通的信息沟通渠道，加强科研机构与企业之间的交流对接，实现成果供给与企业需求的精准匹配。

4. 筛选机制的建立需要完善的制度保障

相关部门应制定专门的制度，明确科技成果筛选的标准、程序和责任主体，规范筛选行为。同时，要建立健全的激励机制，调动科研人员、企业家参与科技成果筛选的积极性。例如，可以设立专项资金，对在筛选工作中做出突出贡献的单位和个人给予奖励。

二、转化模式选择与规划

（一）模式选择的综合考虑因素

不同的科技成果具有不同的属性特征，需要采取与之相适应的转化模式。例如，应用型科技成果更适合采用技术转让、技术入股等方式实现产业化；而基础性科技成果则更适合通过科技咨询、委托开发等方式实现成果转化。在选择转化模式时，需要综合考虑科技成果的技术成熟度、市场需求、知识产权状况等因素，制订切实可行的转化方案。

1. 技术成熟度

成熟度较高的科技成果，其技术原理和工艺流程已经得到充分验证，市场需求明确，产业化风险较低，更适合采用技术转让、技术许可等方式实现快速转化。成熟度较低的科技成果，尚处于实验室阶段或中试阶段，距离规模化生产还有较大差距，直接进行产业化的风险较高，更适合先通过技术开发、中试放大等方式提升其成熟度，再进行产业化转化，以降低后续产业化风险。

2. 市场需求

只有充分了解和把握市场需求，才能确保科技成果有市场、能赚钱。因此，在选择转化模式时，需要深入调研目标市场，准确把握市场容量、竞争格局、发展趋势等关键信息，评估科技成果的市场前景。对于市场需求旺盛、市场容量巨大的科技成果，可以考虑采用技术转让、合资经营等方式，引入社会资本加速产业化进程；而对于市场需求不确定、市场容量有限的科技成果，则应谨慎选择转化模式，必要时可先通过示范应用、试点推广等方式检验市场反应。

3. 知识产权状况

拥有自主知识产权的科技成果，其市场竞争力和议价能力更强，更有利于实现成果价值最大化。因此，在选择转化模式时，需要全面评估科技成果的知识产权状况，包括专利布局、商标注册、著作权登记等，构建完整的知识产权保护体系。对于具有核心专利、能形成技术壁垒的科技成果，可以考虑采用专利转让、专利许可等方式实现成果转化；而对于缺乏有效知识产权保护的科技成果，则应审慎选择转化方式，必要时可通过技术秘密、定制开发等方式降低知识产权流失风险。

（二）转化规划的实施步骤

转化规划为整个转化过程提供了清晰的流程系统的指引，有助于提高转化效率，降低转化风险。转化规划的实施包括以下步骤。

1. 明确转化目标

科技成果转化的目标应该具体、可测、可达、相关、有时限。只有目标明确，后续的规划和实施才有的放矢。在确定目标时，需要全面考虑技术成熟度、市场需求、资源条件等因素，既要立足当前，又要放眼长远，确保目标的现实性和前瞻性。

2. 制定转化策略

转化策略应该依据既定目标，综合考虑技术、市场、资金、人才等要素，选择最优的策略方式。常见的转化策略包括技术许可、技术转让、合作开发、自主创业等。不同的策略有其适用条件和优劣特点，需要根据具体情况灵活选择。同时，转化策略还应该动态调整，以适应内外部环境的变化。

3. 细化实施方案

实施方案应该对转化过程进行全流程、全要素的设计和安排，包括时间进度、资源配置、风险管控、绩效评估等方面。方案要翔实可行，为规划实施提供可操作的指南。在方案设计时，要充分吸收专家意见，借鉴成功经验，同时要留有一定的灵活空间，以应对可能出现的变化。

4. 健全管理机制

科技成果转化是一项系统工程，需要跨部门、跨学科、跨领域的紧密协作。组建专门的转化团队，建立健全的管理机制，是保障规划实施的关键举措。转化团队要由管理、技术、市场等各方面人才组成，形成合力，发挥协同效应。管理机制要明确责权利，强化激励约束，调动各方积极性。

5. 动态监控评估

科技成果转化往往周期较长，不确定因素较多，需要实施全过程的监督和评估。通过监控评估，可以及时发现并解决问题，不断优化和完善规划方案，确保转化工作沿着既定目标有序推进。监控评估要建立科学的指标体系，运用定量与定性相结合的方法，兼顾过程和结果，全面客观地反映转化绩效。

三、知识产权保护与管理

（一）知识产权的分类和保护要点

知识产权是一个复杂而多元的概念，包含专利权、商标权、著作权、商业秘密等分支。不同类型的知识产权在内涵、外延等方面都存在差异。在科技成果转化过程中，准确区分并有针对性地保护各类知识产权，有利于维护创新者的合法权益，激励技术创新。

1. 专利权

专利权是对发明创造者授予的一种排他性权利，赋予专利权人在一定期限内独占其发明创造实施和使用的权利。要获得专利保护，发明创造必须具备新颖性、创造性和实用性等条件。在科技成果转化中，专利技术是最核心、最有价值的部分，做好专利技术挖掘、申请和维护工作，有利于为科技成果转化提供坚实的知识产权基础。同时，还应注重专利技术的市场价值评估和布局，提高专利技术的战略运用水平。

2. 商标权

商标是用于区分商品或服务来源的标识，如名称、图形、字母、数字、三维标志等。商标权保护赋予权利人对其注册商标的专用权，防止他人擅自使用相同或近似的商标，造成消费者混淆。在科技成果转化中，商标往往与产品或服务密切相关，树立良好的商标形象，有助于提升科技成果的市场认可度和品牌影响力。因此，应重视商标的选择、注册和运用，提高商标的识别度和美誉度。

3. 著作权

著作权是赋予文学、艺术和科学作品创作者的一种人身权和财产权，保护其对作品享有的复制、发行、展览等权利。在科技成果转化中，研究报告、技术方案、软件代码等通常属于著作权保护的范畴。加强对这些成果的著作权管理，明确权属关系，规范使用流程，对于保障科技成果完整性和权利人利益至关重要。

4. 商业秘密

商业秘密是指不为公众所知悉、具有商业价值并经权利人采取保密措施的技术信息和经营信息。对于不便申请专利或暂时不宜公开的科技成果，采取商业秘密保护是一种有效的策略。保护商业秘密，需要在制度、技术、人员等方面采取严密的保密措施，如签订保密协议、设置访问权限、开展保密教育等。同时，还应重视商业秘密的风险防控，完善应急预案，增强商业秘密保护的系统性和有效性。

（二）知识产权管理流程

知识产权管理贯穿科技成果转化的全过程，涉及知识产权的创造、运用、保护和管理等方面。

在成果转化的初始阶段，需要对科技成果进行全面的知识产权评估，明确其权属状况，判断是否存在侵权风险。这是开展后续转化工作的基础，通过系统梳理科技成果的知识产权现状，可以为制定合理的转化策略提供依据。

知识产权运用是科技成果转化的关键所在。要充分发挥知识产权的市场价值，就必须结合成果的应用场景，灵活采取专利许可、技术转让、作价入股等方式，实现知识产权的商业化运作。在此过程中，还要注重知识产权的策略性布局，通过构建专利池、开展交叉许可等方式，提升知识产权运用的整体效益。同时，要重视知识产权风险的防控，通过尽职调查、合同约定等方式，规避侵权纠纷。

知识产权保护是确保科技成果转化收益的关键举措。一方面，要保护好自身的合法权益，对侵权行为坚决打击；另一方面，要把握知识产权维权主动性，通过行政执法、司法诉讼等途径制止侵权，维护良好的市场秩序。只有切实保障知识产权权益，才能为科技成果转化创造有利的外部环境。

规范、高效的知识产权管理是科技成果转化的保障。这就要求科研机构和企业不断健全知识产权管理制度，完善管理流程，提高管理能力。例如，可以设立专门的知识产权管理部门，配备专业的管理人才，同时积极引入信息化手段，提高管理的精细化水平。

四、合同谈判策略的制定与条款的审查

（一）合同谈判策略的制定

合同谈判的成败直接关系到转化项目能否顺利推进，以及各方利益能否得到有效保障。为了在谈判中获得胜利，转化主体需要认真制定谈判策略，全面考虑谈判的各个要素，审慎选择谈判的技巧和方法。

转化主体要对拟转化的科技成果有充分的了解和评估，这包括成果的技术特点、市场前景、应用范围等，特别要了解相关的知识产权状况。只有做到对科技成果了如指掌，才能在谈判中游刃有余，避免因信息不对称而处于被动状态。同时，还要充分调研对方的背景、诉求和谈判风格，有的放矢地制订谈判方案。

在谈判目标的设定上，转化主体既要尊重科技成果的市场价值，又要考虑成果转化的风险和不确定性。一味抬高要价，可能导致谈判陷入僵局；而过于保守，又可能损害自身利益。因此，要在争取最大利益和保证交易达成之间寻求平衡，设定一个心理预期区间。

在谈判过程中，态度和语言很关键。转化主体应端正态度，平等协商，用事实和数据说话，不卑不亢。在谈判桌上，要学会倾听，而不是一味地表达；要学会换位思考，体谅对方的难处。同时，语言表达要准确、简洁、有条理，避免模棱两可或自相矛盾的表述。

面对对方提出的条件，转化主体要认真分析利弊，不能轻易妥协。如果对方的要求不合理，就要据理力争，必要时可以中止谈判，绝不能损害自身利益。但对于对方合理的诉求，也要学会适度让步，在细节上给予对方一些满足感，为达到心理预期的谈判结果创造条件。

谈判技巧方面，转化主体可以合理运用一些策略性手段。例如，运用"销售恐惧"，适度渲染成果被其他机构或个人抢先转化的风险，刺激对方尽快达成交易；采用"情感营销"，在谈判中融入人情味，拉近彼此的心理距离。

谈判过程中，双方在某些细节问题上难免出现分歧。转化主体要主动引导谈判聚焦双方利益的契合点，用利益捆绑盖过分歧。同时，要以开放包容的心态对待新的建议，只要合理且有利于促成交易，都可以纳入考虑。

（二）合同条款的设计与审查

科技成果转化合同通常涉及技术秘密、知识产权归属、收益分配等诸多内容，必须审慎设计每一项条款，确保其合法性、合理性和可操作性。

在合同条款设计过程中，需要明确界定合同标的物，即拟转化的科技成果。这不仅包括科技成果的名称、内容、技术指标等基本信息，还应详细阐明其权属状况，如是否已申请专利、是否存在其他知识产权等。只有对标的物进行清晰界定，才能为后续权利义务的约定提供依据。

合同应对科技成果转化的具体方式做出明确规定。常见的转化方式包括技术转让、许可实施、作价投资等，不同方式下双方的权利义务存在较大差异。合同需要详细约定转化方式、期限、范围，以及由此产生的技术使用费、权益金或股权比例等。

知识产权条款是科技成果转化合同的核心内容。合同必须明晰与科技成果相关的知识产权的归属、使用、维护、保护等事项，特别是后续研发所产生的新知识产权的归属问题。通常，原始权利人保留部分权利，受让方则在约定范围内取得相应的知识产权。双方还应约定知识产权的保密措施和侵权责任，以维护各自的合法权益。

合理分配转化收益是双方最为关注的问题。合同应建立科学、公平的利益分配机制，对转化所得收入或效益的分配比例、分配方式做出详尽规定。分配方案需要充分考虑各方的贡献大小、承担风险多少，并为后续收益分配提供可操作的规则。

合同履行的监督与管理条款不容忽视。为保障合同的有效实施，合同应赋予转出方一定的事后监管权，如定期了解成果转化进展、检查转化效果等。同时，合同必须明确违约情形和责任承担方式，以督促各方切实履行合同义务。合理设置争议解决条款也十分必要，鉴于科技成果转化的专业性和复杂性，发生争议时首选以协商方式解决，其次可考虑调解、仲裁等非诉讼纠纷解决方式，诉讼作为最后手段。

五、转化项目实施与监控

（一）项目实施的管理策略和方法

在科技成果转化项目的实施过程中，需要针对不同阶段的特点，采取相应的管理策略和方法，确保项目顺利推进，最终实现预期目标。

在项目实施的初期阶段，重点是项目计划的制订和团队的组建。项目计划是指导项目实施的纲领性文件，需要对项目的目标、范围、进度、预算、风险等要素进行详细规划。制订科学合理的项目计划，有助于明确项目的实施策略，协调各方资源，提高项目管理的效率和质量。同时，组建一支高素质、专业化的项目团队至关重要。团队成员需要具备扎实的专业知识、丰富的实践经验和良好的协作精神，能够在项目实施过程中发挥各自的专长，形成合力。

在项目实施的中期阶段，重点是过程管控和质量把关。项目管理者需要通过定期汇报、现场检查等方式，及时掌握项目进展情况，发现并解决项目实施过程中遇到的问题。对于重大问题和风险，要及时采取应对措施，必要时调整项目计划，确保项目在可控范围内运行。质量管理是项目管理的核心内容，贯穿项目实施的全过程。要建立完善的质量管理体系，制定严格的质量标准和检查制度，对项目成果进行全方位、多角度的质量把关，确保成果的科学性、先进性和实用性。

在项目实施的后期阶段，重点是项目转化成果评估和收尾。项目成果在形成后，要及时组织鉴定和验收，对成果的创新性、实用性进行全面评估。在项目收尾阶段，要及时总结项目实施经验，梳理项目成果，形成完整的项目档案。对于项目中的优秀人才和先进做法，要注意挖掘和推广，为后续项目积累经验。

除上述管理工作外，贯穿项目全周期的工作还涉及沟通协调、资源配置、风险防控等方面。在项目实施过程中，需要与各方利益相关者加强沟通协调，及时化解分歧和矛盾，形成科技成果转化的强大合力。根据项目计划和实施进展，动态优化配置人、财、物等各类资源，提高资源利用效率。风险管理也是项目实施中的一环，需要加强风险识别意识和提升风险管控能力，制订风险应对预案，最大限度规避和降低风险带来的损失。

（二）转化效果的监控指标体系

转化效果监控指标体系应立足成果转化的总体目标，紧密围绕提升转化质量和效益这一中心任务。监控指标的设计要聚焦于反映成果转化过程中的关键环节和重点内容，突出成果转化的核心要素。如成果的应用范围、技术成熟度、市场需求、经济效益、社会效益等，都是评估转化效果的重要维度。只有选取能够准确衡量这些关键因素的指标，监控体系才能切实发挥作用，为科学评价成果转化效果提供依据。

转化效果监控指标体系应具有系统性和综合性。科技成果转化涉及技术、市场、资金、人才、政策等多个要素。监控指标的设计要全面考虑这些要素，既要重视成果转化的直接产出，如新增销售收入、利润、专利授权量等，也要关注间接效益，如带动相关产业发展、促进科技进步、改善民生福祉等。同时，指标体系还应体现一定的前瞻性，既要评估已经取得的阶段性成果，也要对成果转化的未来发展趋势做出预判。只有建立多层次、多角度、立体化的指标体系，才能全景式地反映科技成果转化的整体效果。

转化效果监控指标体系要坚持以定量评估为主、定性分析为辅。定量评估能够直观、准确地反映成果转化效果，便于横向比较和纵向追踪。在设计定量指标时，要兼顾指标的科学性、针对性和可获得性，选取具有代表性和可比性的关键指标，并明确指标的计算口径和数据来源。例如：可从成果应用单位获取新增销售收入、利润等财务指标数据；从科技管理部门获取专利授权量、成果奖励等创新指标数据。同时，要辅之以定性分析手段，通过深度访谈、实地调研等方式，了解成果转化各参与主体的实际需求和建议，评估成果转化后的社会效益、生态效益等难以量化的内容，形成对转化效果的整体判断。

转化效果监控指标体系要充分发挥闭环监控功能，实现对转化全过程的动态跟踪和及时反馈。监控指标的设计要与转化项目实施计划相匹配，根据项目的关键节点和进度安排，制定阶段性监控指标，对转化效果进行定期评估。一旦发现评估结果偏离预期目标，要及时采取针对性措施，调整优化实施方案。同时，要总结提炼成果转化中的经验教训，将监控中发现的共性问题转化为可借鉴、可复制的解决方案，并应用到后续项目中，实现监控工作的良性循环。

转化效果监控指标体系的构建要坚持开放共享的理念，鼓励多元主体参与。政府相关部门、科研机构、企业、社会组织等都应积极参与指标体系的设计和应用，贡献自身的数据资源和实践经验。要整合各类创新主体的优势力量，搭建开放共享的监控信息平台，实现多源异构数据的汇聚融合和深度利用。平台应具备指标体系动态调整、监控数据实时更新等功能，为科技成果在不同区域、不同行业的推广应用提供支持。在方案制订、过程监控、项目评估等环节，也要让第三方专业机构参与进来，提高监控的科学性和公信力。

第三节　跨部门协调与合作

一、跨部门沟通机制

（一）沟通平台建立与维护

1. 物理空间的设计和布局

开放式办公环境、共享会议室等空间规划，能够打破部门之间的物理隔阂，为员工创造更多面对面交流的机会。同时，灵活多样的办公空间配置，如休闲区等非正式场所，能够营造轻松愉悦的氛围，激发员工的创造力。

2. 现代化的信息技术手段

统一的办公自动化系统、即时通信软件、视频会议设备等，能够实现跨地域、跨时空的无缝连接，提升信息传递的速度和效率。数据共享平台、知识管理系统等，则有助于打通信息孤岛，促进不同部门间的知识流动和协同创新。此外，在引入新技术的同时，要注重员工的适应性培训，确保其熟练掌握各类沟通工具，真正发挥技术赋能的效果。

3. 科学合理的组织架构设计

传统的金字塔式等级结构存在信息流通不畅、决策效率低下等问题。扁平化管理、矩阵式组织等先进的管理理念强调的是打破部门壁垒，建立灵活多变的项目团队，从而能够有效促进横向沟通与协作。同时，设置专门的协调机构也是推动跨部门沟通的有效举措，如项目管理办公室等。这些机构可以协调部门间资源配置，化解矛盾冲突，促进多方合作共赢。

4. 良好的组织文化和价值观念

组织应该营造开放包容、合作共享的文化氛围，鼓励员工打破部门壁垒，主动沟通，相互支持。定期开展的团建活动、文体比赛等，也能增进不同部门员工间的了解和情谊，消除隔阂误会，凝聚团队向心力。将跨部门沟通上升到文化建设的高度，能够真正形成合作共赢的价值共识。

（二）沟通文化培养与强化

沟通文化是跨部门协调与合作的润滑剂，它决定了组织内部信息传递的效率和质量。培养和强化开放、信任的沟通文化，是实现科技成果就地转化的关键举措。在科技成果转化过程中，各部门因为专业背景、工作方式的差异容易产生隔阂和误解，导致协作效率低下，甚至引发冲突。良好的沟通文化能够消除这些障碍，营造互信、包容的氛围，促进跨部门的理解与合作。

要培养开放的沟通文化，需要领导者以身作则，鼓励员工畅所欲言，表达自己的想法和疑虑。领导者应该以开放的心态倾听下属的意见，即使这些意见与自己的想法不一致。同时，领导者还要创造条件，如定期召开跨部门交流会议、开设内部交流平台等，为员工提供充分的沟通渠道。只有在组织内部形成平等、互信的对话氛围，员工才能敞开心扉，直抒己见。

组织应该打破部门壁垒，鼓励跨部门、跨层级的沟通交流。一方面，要明确界定各部门在科技成果转化中的职责和权限，厘清彼此的业务边界，避免因权责划分不清而产生推诿扯皮的现象。另一方面，要搭建部门间的沟通桥梁，如成立跨部门项目组、开展轮岗交流等，让不同部门的员工有机会深入了解彼此的工作，学习对方的专业知识和经验。

组织应该建立规范、高效的沟通机制，确保信息在各部门之间及时、准确地传递。这需要从制度层面入手，明确各类信息的传递方式、反馈机制和时限要求，杜绝信息在传递过程中出现遗漏、误解、延误等问题。同时，还要充分利用信息化手段，如工作流系统、协同办公平台等，提高信息传递的自动化程度和可追溯性。只有形成顺畅、高效的信息流，各部门才能及时了解科技成果转化的进展情况，快速响应可能出现的问题和风险。

组织应该注重员工沟通技能的培养，提高其表达能力和倾听能力。一方面，要通过培训、辅导等方式，帮助员工掌握有效沟通的技巧和方法，如如何在跨部门协作中准确表达自己的意图，如何倾听和理解他人的诉求等。另一方面，要强化员工的换位思考能力，学会站在对方的角度看问题，体谅不同部门的顾虑和难处。只有沟通技能得到普遍提升，员工才能在复杂的协作环境中化解矛盾，达成共识。

（三）沟通信息标准化与流程化

在科技成果就地转化过程中，涉及多个部门、多个环节，信息传递的准确性、及时性和可追溯性尤为重要。如果沟通信息缺乏统一的标准和规范，容易出现信息失真、延迟、遗漏等问题，导致部门间协调效率低下，甚至影响最终的转化成果。

1. 建立标准化的信息沟通模板

不同部门应该在充分沟通的基础上，明确界定各类信息的内容要素、呈现方式、传递渠道等，形成统一的规范。例如，可以针对不同类型的会议、报告、方案等，设计标准化的文档模板，规定必须包含的关键信息，如时间、地点、参与人员、议题、结论等。这样，信息发出者和接收者都能够按照统一的标准来编制和解读信息，减少理解偏差和沟通成本。

2. 设计规范化的信息流程

跨部门协作往往涉及多个层级和节点，信息在传递过程中很容易出现断层或失真。通过梳理各部门的业务流程，识别关键的信息交换节点，建立规范化的信息流转机制，能够有效提升协同效率。信息流程的设计要充分考虑各部门的特点和需求，既要确保信息的完整性和准确性，又要兼顾流转的及时性和便捷性。此外，通过引入信息化管理工具，如协同办公系统、工作流引擎等，可以进一步优化流程，实现信息流转的自动化和智能化。

3. 制定和应用数据标准规范

科技成果转化过程中产生的数据种类繁多，格式各异，如果缺乏统一的数据标准，就难以实现数据的有效集成和利用。因此，需要从数据采集、存储、交换、分析等环节入手，制定数据标准规范，明确数据的定义、编码、格式等要素。在此基础上，各部门应严格按照标准开展数据管理工作，确保数据的一致性和可靠性。通过构建统一的数据中心，实现数据的集中存储、管理和共享，各部门既可以便捷地调用数据资源，也能够基于数据进行深入分析，为科学决策提供支撑。

二、协同工作流程设计

（一）工作流程分析与优化

在科技成果就地转化过程中，各部门工作特点各异，这就要求设计高效的协同工作流程，从而提升转化效率。通过对部门工作流程进行系统梳理和分析，可以发现其中存在的问题和瓶颈，进而有针对性地进行优化设计。

根据科技成果就地转化的总体目标，明确各部门在其中承担的角色和职责。只有在全局视角下审视各部门工作，才能准确把握其特点和关联，为后续的流程优化提供依据。例如，科研部门侧重于技术研发和创新，市场部门则专注于产品推广和客户开拓，两者在工作内容和节奏上存在明显差异。

在明确部门定位的基础上，需要深入分析各部门内部的工作流程。这就要求管理者深入一线，详细了解每个岗位的工作内容、操作规程、时间节点等，全面掌握工作流程的运行状况。同时，还要注重收集一线员工的意见和建议，鼓励他们从自身工作出发，反映流程中存在的问题和改进的空间。

流程优化设计应坚持问题导向，聚焦影响工作效率和质量的关键环节。对于部门内部流程，可以通过简化操作步骤、优化人员配置、引入信息化工具等方式，提升工作效率和标准化程度。在跨部门流程优化中，则要注重打通部门边界，建立顺畅的信息共享和协同机制。例如，可以建立跨部门项目组，按照项目生命周期统筹规划和调配资源，实现研发、生产、营销等环节的无缝衔接。

（二）系统支持工具运用

随着信息技术的快速发展，各种协同工作软件和平台不断涌现，为跨部门协作提供了有力的技术支撑。这些工具能够打破时空限制，实现信息的实时共享和高效流转，极大地提升协同工作的效率和质量。

1. 协同工作系统

协同工作系统集成了项目管理、任务分配、进度跟踪等多项功能，为团队成员提供了统一的工作平台。通过协同工作系统，不同部门的人员可以随时了解项目进展，明确自身任务，并与其他成员保持密切沟通。这种透明、高效的工作方式有助于消除部门间的信息障碍，促进协作活动的有序开展。

2. 在线文档协作平台

在线文档协作平台允许多个用户同时编辑同一份文档，并实时同步修改结果。这种实时协作方式缩短了文档编制周期。同时，在线文档协作平台还提供了版本管理、审阅批注等功能，确保文档内容的准确性和一致性。借助这一工具，跨部门团队更能够高效完成各类文档的编写和审核工作。

3. 即时通信软件

即时通信软件提供了文字、语音、视频等沟通方式，方便团队成员随时随地进行交流。通过即时通信软件，跨部门人员可以快速响应问题，及时解决分歧，确保协作活动的顺利进行。此外，大多数即时通信软件还集成了文件传输、屏幕共享等功能，进一步提升了沟通效率。

4. 工作流管理系统

工作流管理系统通过对业务流程进行建模和优化，实现了工作任务的自动分配和流转。在工作流管理系统的支持下，跨部门业务能够按照预设的流程有序开展，各环节之间衔接紧密，减少了人工干预和沟通成本。同时，系统还能够实时监控流程运行状态，及时发现和处理异常情况，确保协同工作的质量和效率。

（三）协同工作监控与反馈

协同工作的监控与反馈机制通过实时跟踪协同效果，发现问题并及时反馈，实现对转化流程的动态优化和持续改进。建立完善的监控与反馈机制，有助于提高跨部门协同的效率和质量，促进科技成果更高效、更顺畅地实现就地转化。

通过设置科学合理的监控指标，采集各部门协同过程中的关键数据，能够客观评估协同的效果和进度。例如，可以监测各部门对共享资源的利用情况、承担任务的完成率、沟通频次与质量等，从多个维度量化协同工作的成效。基于大数据分析技术，还可以挖掘协同过程中的深层次问题，如资源配置不均、信息传递不畅等，为优化协同机制提供决策依据。

及时收集各部门对协同过程的意见和建议，对于监控中发现的问题，开展针对性的反馈与沟通，能够消除部门间的隔阂，增进相互理解，提高协作效率，形成良性循环。反馈渠道应该是多元化的，既包括定期召开协调会议总结经验教训，也包括搭建线上互动平台随时交流心得体会。通过反馈，可以不断修正协同工作中的偏差，优化资源配置和流程设计，提升协同水平。

监控和反馈相辅相成，共同推动协同工作机制不断迭代升级。一方面，监控为反馈提供了客观依据，使反馈更加精准高效；另一方面，反馈指引监控聚焦重点问题，优化监测手段，提高监控的有效性。二者构建协同工作的自我调节和优化机制。

三、资源共享与整合

(一) 共享资源识别与分类

在科技成果转化过程中，涉及多个部门和机构，各自掌握着不同类型的资源。为了实现资源的最优配置和高效利用，必须全面梳理各部门的资源状况，明确哪些资源可以共享，哪些资源需要独享。在厘清资源状况的基础上，制订科学合理的资源共享方案，最大限度地发挥资源效用。

资源共享的首要任务是厘清资源的分类。不同性质的资源在共享模式和管理方式上存在较大差异。资源可以分为两大类：一类是显性资源，如资金、设备、场地等有形资源；另一类是隐性资源，如人才、技术、信息等无形资源。对于显性资源，由于其具有可度量、可分割的特点，共享起来相对容易。隐性资源则更多地依附于人，流动性强，共享难度较大。因此，在识别可共享资源时，要根据资源的不同属性，采取差异化的管理策略。

资源共享要考虑共享主体的意愿和诉求。并非所有资源都适合共享，资源占有方出于自身利益考量，可能对某些资源持保留态度。强行共享不仅难以取得实效，还可能引发矛盾和冲突。因此，共享资源的识别要在尊重产权的基础上，充分协调各方利益，找到利益契合点。只有资源共享能够实现多方共赢，共享机制才能真正建立和有效运转。

资源共享要兼顾效率与公平。科技成果转化需要多部门协同发力，如果资源分配失衡，可能引发部门间的矛盾，影响工作的正常推进。因此，在识别共享资源时，要统筹考虑，合理平衡，避免资源过度集中或分散，既要让掌握关键资源的部门发挥主导作用，也要兼顾其他部门的正当需求。

(二) 资源共享制度与规范

资源共享制度与规范的建立是实现科技成果就地转化中跨部门协调与合作的关键一环。在科技成果转化过程中，往往涉及多个部门和单位，它们各自掌握着不同的资源，各具优势。如果能够建立起系统、规范的资源共享机制，就能最大限度地整合各方力量，提高科技成果转化的效率和质量。

资源共享制度和规范应明确各参与主体的权责利。在科技成果转化中，各部门和单位既是资源的提供者，也是资源的使用者。明晰各方在资源共享中的角色定位，界定其应尽的责任和义务，以及所能享有的权益，是保障资源共享有序进行的基础。同时，还应建立科学合理的利益分配机制，调动各方参与资源共享的积极性，保证共享机制的可持续运行。

资源共享制度和规范的建立应注重与科技成果转化的整体战略相协调。资源共享是服务于科技成果就地转化这一宏大目标的手段。因此，在设计资源共享制度时，要立足转化全局，从战略高度考虑如何最大化地发挥资源共享的促进作用。要与科技成果转化的总体规划相衔接，与其他相关制度相配套，形成系统完备、相互支撑的制度体系。

（三）资源整合战略规划与实施

科技成果转化涉及多个主体、多种资源和多个环节，需要统筹规划、系统推进。资源整合是实现这一目标的重要手段和途径。

从横向维度看，科技成果转化需要整合相关部门、企业、科研机构等创新主体的资源优势。相关部门主要提供政策支持和公共服务，营造良好的制度环境；企业是成果转化的主力军，提供市场需求信息和产业化能力；科研机构是科技成果的主要源头，为成果转化提供智力支持。只有充分发挥各创新主体的优势，才能形成科技成果转化的强大合力。

从纵向维度看，科技成果转化需要整合基础研究、应用研究、成果转化、产业化等各个环节的创新资源。基础研究是科技创新的源头，为成果转化提供原创性的科学发现；应用研究是连接基础研究和产业化的桥梁，将科学原理转化为可应用的技术方案；成果转化是推动科技成果走向市场的关键环节，实现从实验室到工厂的跨越；产业化则是最终实现科技成果商业价值、创造经济效益的重要手段。打通创新链各个环节，推动资源在不同创新阶段的高效配置和流动，是实现科技成果就地转化的必经之路。

资源整合不仅要注重创新资源的全面调动，还要突出战略性、系统性和针对性。战略性是指要立足全局，在宏观层面谋划资源整合的目标、途径和重点，特别是聚焦事关区域经济社会发展全局的关键领域，超前谋划，超常规推进，增强资源整合的前瞻性和实效性。系统性是指要统筹各类创新要素，强化政策、项目、基地、人才、资金等资源的系统集成，构建开放、协同、高效的区域创新生态系统。针对性是指要坚持问题导向，聚焦制约科技成果转化的瓶颈，有的放矢地开展资源整合，以点带面，精准发力，补齐科技成果转化的要素短板。

资源整合需要科学的战略规划和扎实的实施推进。在战略规划层面，要深入研判形势，准确把握科技创新和产业发展的新趋势、新特点，在更高起点、更高层次、更高目标上谋划资源整合，特别是要立足区域优势和特色，找准主攻方向，集中力量打造创新资源集聚区，推动创新资源向优势领域、重点产业、关键环节集中。在实施推进层面，要坚持"四个结合"，努力构建科技成果就地转化的强大合力。管理机制与运行机制相结合，在推进管理制度优化的同时，注重健全高效协同的工作机制；总体规划与分类指导相结合，在明确总体目标和任务的同时，针对不同区域、不同领域制定差异化的资源整合策略；内生动力与外部支持相结合，在更大程度激发创新主体内生动力的同时，注重争取政策、资金等外部支持；当前需要与长远目标相结合，在聚焦当前急需解决的突出问题的同时，加强制度供给，着眼长远发展，为资源高效整合营造持久动力。

四、冲突管理与解决策略

（一）冲突成因识别与分析

在科技成果就地转化过程中，跨部门协调与合作不可避免地会引发各种冲突。这些冲突成因复杂，表现形式多样，若不能准确识别和有效化解，将严重阻碍科技成果的成功转化。

冲突的根源可能是参与各方的利益诉求差异。科研部门注重技术创新和学术价值，生产部门则更关注市场需求和经济效益。当这两类诉求未能有效协调时，便容易引发矛盾和争议。同时，不同部门在文化理念、工作方式上的差异也是冲突的重要来源。科研人员习惯于独立思考、探索未知，生产人员则偏重于执行规范、控制风险。这种思维和行为方式的差异，若缺乏相互理解和包容，也会加剧冲突的产生。

在具体工作中，跨部门冲突往往表现为目标不一致、责任不清晰、资源争夺等问题。例如，当科研部门提出的技术方案与生产部门的实际需求不相符时，双方就可能在项目推进上出现分歧。又如，在科技成果转化的关键节点，若各部门对自身职责界定模糊，则易引发推诿扯皮的现象。再如，当人力、物力等资源有限时，科研、生产、市场等部门间的资源争夺也会加剧矛盾。这些具体问题若得不到及时有效的解决，将损害各部门的协作关系，影响科技成果的平稳转化。

准确识别冲突成因和表现形式，是跨部门协调与合作的重要前提。一方面，要充分认识利益诉求差异、文化理念差异等深层次原因，加强各部门间的沟通交流，增进相互理解和信任。另一方面，要密切关注目标不一致、责任不清晰、资源争夺等具体问题，通过合理分工、明确责任、优化资源配置等举措，消除隐患，化解矛盾。

（二）冲突预防策略构建

1. 建立科学规范的沟通机制

良性的跨部门沟通是化解分歧、凝聚共识的基础。通过定期召开协调会、开展联合培训等方式，搭建部门间交流的平台，鼓励不同部门人员加强互动，增进理解。同时，还要优化信息传递渠道，保障各方信息对称，避免因信息不畅而产生误解。

2. 健全规章制度，明确部门职责边界和协作流程

制度的建立要兼顾各部门利益，在广泛征求意见的基础上制定，确保公平合理。例如，可以设置科技成果转化项目联合攻关机制，将各部门目标与项目整体目标相衔接，形成利益共同体，化解部门本位主义倾向。

3. 加强统筹协调，发挥领导干部的引领作用

组织领导者要勇于抓总、善于协调，准确把握全局，平衡各方诉求，消除部门间的隔阂和猜疑。通过科学的绩效考核和利益捆绑机制，激发各部门协同创新的内生动力，共同推进科技成果高效转化。

4. 建设合作共赢的跨部门协作文化

通过宣传表彰先进典型，弘扬无私奉献、团结协作的正能量，跨部门合作成为一种自觉追求。同时，要重视人文关怀，开展丰富多彩的文体活动，增强不同部门员工的认同感和归属感，凝聚起眼光统一、步调一致的强大合力。

（三）冲突解决技巧与程序

在科技成果就地转化过程中，跨部门冲突在所难免。这些冲突可能源于观念差异、利益冲突、沟通不畅等多方面原因，如不能得到有效解决，将严重影

响科技成果转化的进程和质量。因此，构建一套行之有效的冲突解决机制和程序，已经成为加强跨部门协调与合作的关键。

建立科学、规范的冲突解决机制，需要明确冲突解决的基本原则。这些原则包括遵循客观事实、尊重各方诉求、寻求利益平衡、促进组织目标实现等。在此基础上，要建立一套标准化的冲突解决程序，明确冲突解决的具体步骤、各参与主体的职责及时限要求等。冲突解决程序可以分为冲突识别、情况调查、方案制订、磋商谈判、方案实施等环节。在每个环节中，都要遵循冲突解决基本原则，确保程序的科学性和有效性。

在具体的冲突解决过程中，可以运用多种有效的技巧和方法。沟通是化解冲突的第一步，通过开诚布公的对话，厘清事实，表达诉求，为后续解决冲突创造有利条件。谈判是解决冲突的关键环节，谈判各方要树立合作共赢的理念，通过理性讨论达成一致。调解作为一种常见的冲突解决方式，可以引入中立的第三方，协助各方消除分歧，达成和解。此外，必要时还可以运用强制性手段，维护组织整体利益。

五、跨部门团队建设与管理

（一）跨部门团队建设

跨部门团队通常由来自不同学科背景、专业领域的成员组成，具有多样性和互补性的特点。团队成员的知识结构、技能禀赋各不相同，却能够在共同的目标引领下，发挥各自的专长，形成合力。

1. 明确团队建设的目标

一个高效的跨部门团队应该有明确、具体、可衡量的目标，这既是团队存在的价值所在，也是凝聚团队共识的基石。在科技成果转化过程中，这一目标通常与技术的产业化、市场化密切相关。因此，界定团队的使命，制定切实可行的阶段性目标，是跨部门团队建设的重中之重。

2. 合理定位团队成员的角色

在科技成果转化过程中，跨部门团队成员应根据自身的专业特长和经验禀赋，担当起相应的角色。例如，研发人员负责技术攻关和产品优化，生产人员致力于工艺改进和质量控制，管理人员统筹资源配置和流程再造，营销人员开拓市场和把控客户需求。每个成员各司其职、各尽其能，可以使跨部门团队真正发挥出"1＋1＞2"的协同效应。

3. 营造开放包容、合作共赢的文化氛围

由于成员来自不同的部门和专业，在工作方式、思维模式上难免存在差异，这容易滋生误解和摩擦。为了化解这些冲突，跨部门团队要注重文化建设，倡导开放、包容、互信的价值观，鼓励成员畅所欲言，尊重彼此的观点。同时，团队还应建立科学、公平、激励相容的利益分配机制，让每个成员都能够在团队的成功中分享收益，获得认同。

（二）团队合作文化建设

团队合作文化为团队成员提供了一个共享的价值观和行为准则，有利于形成互信、互助、创新的工作氛围。在科技成果就地转化过程中，跨部门团队往往面临着知识背景差异大、工作方式不一致、利益诉求多元等挑战，构建良好的团队文化显得尤为重要。

1. 鼓励开放和包容

不同部门的团队成员来自不同的专业领域，拥有不同的知识结构和工作经验。团队文化要营造一个尊重差异、包容多元的氛围，让每个成员都有机会表达观点，平等参与讨论和决策。这种开放包容的文化有利于激发团队的创造力，促进不同知识和视角的交流融合，从而产生更多原创性的想法和解决方案。

2. 强调信任与合作

跨部门团队的运作离不开成员之间的相互信任和紧密协作。团队文化要倡导诚信、担当的价值观，鼓励成员之间坦诚沟通、互帮互助，形成荣辱与共的集体意识。当团队成员之间建立起深度的信任关系时，他们就更愿意分享资源、互帮互助，进而提升整个团队的执行力和凝聚力。

3. 追求卓越和创新

科技成果转化是一项充满不确定性的探索性工作，需要团队成员不断挑战自我、追求卓越。团队文化要鼓励成员勇于尝试、敢于突破，为创新创造提供

支持。同时，要宽容失败、鼓励反思，将每一次挫折都视为宝贵的学习机会。唯有如此，团队才能在激烈的市场竞争中保持创新活力，不断推陈出新。

4. 注重人文关怀

跨部门团队成员来自不同的生活背景，有着不同的个性特点和情感需求。团队文化要关注成员的身心健康，营造温暖和谐的人际氛围。通过组织团建活动、设置沟通渠道、提供专业咨询等方式，让每一位成员都能感受到组织的人文关怀，增强对团队的归属感和认同感。

5. 强调领导者的示范和推动作用

领导者应该以身作则，践行团队的核心价值观，用自己的言行影响和引导团队成员。同时，要重视团队文化建设，将其作为团队管理的重要内容，通过制度设计、环境营造、培训教育等多种方式，促进良好团队文化的形成和发展。

（三）团队绩效评估与激励

建立公正的团队绩效评估机制和有效的激励机制是确保跨部门团队高效运转、持续创新的关键。

科学设计的考核指标体系应该全面反映团队的工作绩效，不仅要关注短期的任务完成情况，更要重视长期的能力提升和创新成果。除了量化的关键绩效指标，还应纳入定性评估，如团队成员的协作精神、学习能力、创新意识等。评估过程应该公开透明，鼓励团队成员参与制订考核方案，增强评估结果的公信力。

与绩效评估相配套的是有效的激励机制。物质激励固然重要，但更应注重精神激励，激发团队成员的内生动力。针对不同的岗位特点和个人诉求，可以提供多元化的激励方式，如职业发展机会、培训进修、荣誉表彰等。激励的重点应放在团队整体绩效提升上，避免内部恶性竞争。同时，应建立容错纠错机制，宽容团队成员在创新过程中的失误，营造鼓励创新、包容失败的氛围。

跨部门团队的绩效评估与激励机制应体现协同创新的特点。评估指标应聚焦跨部门协同的效果，如部门之间的沟通效率、资源共享程度、联合攻关成果等。激励机制应有利于促进部门之间的良性互动，打破部门利益藩篱。对于在跨部门协同中表现突出的团队和个人，应给予重点表彰和奖励，并总结推广他们的成功经验。

第二章　科技成果就地转化的人才队伍建设

第一节　科技成果转化人才需求与现状

一、科技成果转化人才的基本需求

（一）掌握专业知识

科技成果转化人才需要具备扎实的专业知识基础，尤其是理解科技前沿发展动态的能力。目前，科学技术日新月异，新理论、新技术、新材料、新工艺层出不穷。如果科技成果转化人才不能及时掌握最新的科技前沿动态，就难以准确把握科技成果转化方向，更无法对科技成果的应用前景做出合理预判。因此，科技成果转化人才必须具有持续学习的能力和紧跟时代步伐的意识。

深刻理解科技前沿知识，需要科技成果转化人才具备扎实的基础理论功底。只有在夯实数学、物理、化学、生物等基础学科知识的前提下，才能真正领会当前科技发展的内在逻辑和未来趋势。同时，科技成果转化人才需要广泛涉猎与本专业相关的多学科知识，这有助于其发现不同学科之间的联系，捕捉科技成果转化的新机遇。跨学科的知识融合往往能产生突破性的创新成果，开辟科技成果转化的新渠道。

理解科技前沿知识，还要求科技成果转化人才具有国际化视野。目前，科技创新已经成为全球性的竞争。因此，科技成果转化人才需要及时了解国际科技发展动向，学习借鉴国外先进经验，寻求合作共赢的机会。科技成果转化人才要具备一定的语言和文化交流能力，能够通过国际学术会议、合作研究等方式，与国外同行开展深入交流，共同推进科技事业的进步。

（二）培养创新能力

在现今瞬息万变的时代，科学技术日新月异，新知识、新领域层出不穷。科技成果转化人才要具备敏锐的洞察力和旺盛的求知欲，能够主动关注科学前沿，捕捉最新的研究动态和发展趋势。同时，他们需要勇于打破思维定式，突破已有认知框架的局限，以开放、创新的思维方式审视问题，寻求新的解决方案。只有不断更新知识储备，创新思维方式，才能适应科技发展的节奏，推动科技成果的有效转化。

培养科技成果转化人才的创新能力，需要营造鼓励创新、宽容失败的环境氛围。一方面，高校和科研机构应为科技成果转化人才提供充足的创新实践机会，搭建开放、共享的创新平台。通过开展各类创新大赛、项目孵化等活动，激发科技成果转化人才的创新灵感，锻炼其实践能力。另一方面，在创新过程中难免会遇到挫折和失败，这需要包容的环境予以支持和鼓励，管理者应以开明的态度看待失败，允许科技成果转化人才在探索中犯错，给予其改进提升的机会。只有在宽松的氛围中，科技成果转化人才的创新潜能才能得到释放。

（三）建立创新团队

科技成果转化的复杂性和系统性，决定了其必须依托多学科、跨领域的创新团队来推进。只有发挥不同学科背景、不同专业特长的研究人员的集体智慧，才能攻克成果转化过程中的重重难关，实现科技成果价值的最大化。

建立高效协作的创新团队，需要从团队组建、运行机制、激励保障等方面入手。

在团队组建上，要坚持"以事择人、人尽其才"的原则，根据成果转化的任务需求，科学配置不同学科领域、不同技能专长的人员，做到优势互补、资源共享。只有多学科人才紧密配合、协同攻关，才能加速科技成果的转化。

在团队运行机制上，要树立交叉融合、协同创新的理念。打破学科壁垒，营造良好的沟通协作氛围。建立科学的内部管理制度和工作流程，明确分工、规范行为，调动每个成员的积极性和创造性。同时，要搭建开放的创新平台，积极开展产学研用合作，吸引更多外部力量参与成果转化过程，不断拓展成果应用的广度和深度。

在激励保障方面，要建立利益共享、风险共担的机制。完善科技成果转化收益分配制度，让参与成果转化的团队成员能够分享转化成果、获得合理回报。同时，要为团队提供必要的人力、物力、财力保障，解决后顾之忧，使其全身心地投入到成果转化工作中。

二、科技成果转化人才的供给现状

(一) 教育体系供给

在培养科技成果转化人才方面，高校和研究机构不仅承担着知识创新和技术突破的重任，还肩负着培养高素质创新型人才的使命。目前，高校及研究机构的人才培养模式正经历着深刻变化，呈现鲜明特点。

高校和研究机构日益重视科技成果转化人才的培养。许多高校成立了专门的成果转化学院或研究中心，搭建政产学研用协同育人平台。部分研究机构也设立了成果转化人才专项培养，为科研人员提供系统的成果转化教育培训。

高校和研究机构在人才培养模式上进行了积极探索和创新。传统的人才培养偏重理论教学，忽视了实践能力的培养，难以适应科技成果转化的实际需求。为了破解这一难题，许多高校开设了创新创业课程，鼓励学生参与创新创业实践，锻炼其成果转化能力。一些研究机构搭建产学研用联合培养机制，为科研人员提供到企业锻炼、参与科技成果转化项目的机会。理论与实践、校内与校外相结合的培养模式，有效提升了科技成果转化人才的实践能力和创新素养。

高校和研究机构注重科技成果转化人才的知识结构优化。随着学科交叉融合的加速，科技成果转化不再是单一学科的事务，而是需要多学科知识的综合运用。因此，高校在人才培养过程中突出跨学科思维和复合型技能的训练，开设跨学科课程，组建跨学科教学团队。一些研究机构也成立了跨学科研究中心，组织不同领域的专家学者，开展跨学科联合攻关。

(二) 需求匹配度

目前，科技成果转化领域存在的人才供需矛盾日益凸显。一方面，市场对高素质创新型科技成果转化人才的需求不断增长；另一方面，现有教育体系和人才培养模式难以完全满足这一需求。这种供需错配导致了诸多问题，如科技成果转化效率不高、产学研合作深度不够等。

科技成果转化人才市场呈现供给总量不足、结构性矛盾突出的特点。从供给总量来看，高校及科研院所培养的科技成果转化人才数量有限，远远满足不了市场需求。这些人才大多集中在科研一线，而在成果转化、产业化等环节的人才储备明显不足。从供给结构来看，跨学科复合型人才匮乏，专业化程度高的应用型人才缺口较大。

科技成果转化人才市场需求旺盛，呈现多样化、高端化趋势。一方面，传统产业转型升级亟须科技创新的驱动力，催生出大量技术开发、工程化应用等岗位；另一方面，战略性新兴产业蓬勃发展，对前沿技术研发、商业模式创新等高端人才需求强烈。这对人才的专业素质和综合能力提出了更高要求。

因此，破解科技成果转化人才供需矛盾，关键在于建立与市场需求相适应、产学研用深度融合的人才培养新机制。一是要推动高校人才培养模式创新发展，加强跨学科交叉融合，提高人才培养的针对性和适应性；二是要完善产教融合、校企合作机制，为学生提供更多实践机会，提高动手能力和解决实际问题的能力；三是要健全人才评价和激励机制，突出成果转化绩效，调动科研人员投身成果转化的积极性；四是要加强职业教育和继续教育，为在职人员提供持续提升和再学习的机会，打造一支规模宏大、专兼结合的科技成果转化人才队伍。

三、科技成果转化人才的专业素质要求

（一）跨学科知识整合

现代科技发展日新月异，各个学科领域的交叉融合日益加深，科技成果的转化也越来越依赖于多学科知识的综合运用。因此，科技成果转化人才只有具备广博的知识基础和灵活的知识整合能力，才能适应复杂多变的科技创新环境，推动科技成果高效转化。

培养科技成果转化人才的跨学科知识整合能力，需要从多方面着手。首先，要加强多学科交叉培养，突破传统的学科壁垒。高校和科研机构应该积极探索跨学科人才培养模式，开设交叉学科专业，鼓励学生修读不同学科的课程，拓宽知识视野。其次，要重视实践教学环节，强化知识应用能力。利用专题研讨、项目实践、案例分析等方式，引导学生将不同学科的知识融会贯通，解决实际问题。最后，要营造开放包容的学术氛围，激发创新思维。定期举办跨学科学术交流活动，邀请不同领域的专家学者分享前沿动态，启发学生进行跨界思考。

科技成果转化人才需要具备敏锐的洞察力和前瞻性思维，能够准确把握技术发展趋势，发现不同领域知识的融合点。这就要求他们不断更新知识结构，紧跟学科前沿，主动学习新兴交叉学科的理论和方法。同时，要培养深度思考的能力，善于从多角度、多层次分析问题，挖掘知识的内在联系。

（二）项目管理与领导力

在复杂的科技项目转化过程中，项目负责人需要具备全局视野和系统思维，统筹规划项目各环节，协调各方资源，带领团队攻坚克难。因此，项目管理者不仅要精通专业知识，掌握项目管理的理论方法，还要具备出色的领导才能和人际沟通能力。

一名优秀的科技项目管理者，应该能够准确把握项目的战略目标，制订科学合理的实施方案。管理者要深入研究行业发展趋势，洞悉市场需求动向，并结合自身资源条件，选择最佳的项目推进方案。同时，项目管理者要善于分解目标，将宏大的愿景落实到具体的任务和进度安排中，确保项目有条不紊地推进。

在项目实施过程中，管理者需要发挥领导才能，调动团队成员的积极性和创造性。这就要求管理者具备鼓舞人心、凝聚共识的能力，善于营造民主、开放、包容的团队氛围。管理者通过设置合理的激励机制，赋予成员适度的自主权，激发团队的内生动力，使其以饱满的热情投入到项目中。管理者还要关注成员的职业发展需求，提供必要的培训和指导，帮助其提升专业能力和领导力。

项目管理者需要具备出色的沟通协调能力，成为连接内外部资源的纽带。一方面，管理者要与团队成员保持密切联系，及时掌握项目进展情况，解决遇到的困难和问题；另一方面，管理者要积极对外沟通，与行业组织、合作伙伴等利益相关方建立良好关系，争取各方支持。通过内外联动，管理者能够集聚多方资源，为项目的顺利实施提供有力保障。

四、科技成果转化人才的区域分布特点

（一）创新能力与人才聚集度关联

创新能力较强的地区往往能够吸引和集聚更多优秀人才，形成人才高地。这些地区凭借其雄厚的经济实力、优越的创新环境和广阔的发展前景，对国内外高层次人才产生强大吸引力。同时，高素质人才的涌入进一步推动了区域创新能力的提升，形成人才集聚与创新发展的良性循环。

高水平的科研人员、技术专家、管理人才等，是区域开展自主创新、突破关键技术瓶颈的中坚力量。他们不仅能够带来先进的知识理念和技术方法，还

能够通过自身的创新实践，带动区域整体创新水平的提升。因此，拥有大批优秀创新人才的地区，其创新绩效和竞争力必然更加突出。

反观创新能力较弱的地区，往往面临着人才流失的困境。由于经济发展水平相对落后，创新氛围不够浓厚，这些地区难以留住本土优秀人才，也缺乏对外来人才的吸引力。人才断层导致创新后劲不足，区域创新能力难以实现持续提升，最终陷入发展瓶颈。这从反面印证了人才聚集度与区域创新能力之间的紧密关系。

区域创新能力和人才聚集度之间存在着复杂的交互作用。一方面，区域创新能力的高低会影响人才流动的方向和规模；另一方面，人才聚集程度会反作用于区域创新环境和创新绩效。因此，在考察两者关系时，需要综合考虑各种影响因素，全面把握其内在机理。

（二）地区政策影响

各地纷纷出台了人才引进政策、创新创业扶持政策、产业发展规划等，这会对人才的流向产生直接或间接的引导作用。一般来说，政策支持力度大、配套措施完善的地区，往往能够吸引更多优秀人才的聚集。这些地区不仅在经济发展水平、基础设施等硬件条件上具有优势，而且在人才服务、创业环境等软实力方面也更有吸引力。

区域发展政策对人才分布的影响体现在不同类型城市的差异化定位上。例如，国家级创新型城市、区域性中心城市往往在科技创新方面具有明显优势，其发展战略和政策导向倾向于高端人才的集聚；一些中小城市则更多地承担着推动区域协调发展的任务，在发展定位上更加注重产业转型升级和应用型人才培养。这种差异化的城市定位和人才政策，客观上导致了科技成果转化人才在不同层级城市间的分化。

（三）流向热点驱动因素

高素质人才作为区域经济社会发展的关键推动力，其空间布局变化往往预示着未来发展的走向。研究人才流向热点地区的驱动因素，有利于揭示区域创新发展的内在机理、优化创新资源配置。

1. 区域经济的活力与竞争力

一个地区的经济实力、产业结构、就业机会等直接影响人才的区域选择。

经济基础雄厚、产业门类齐全、就业岗位充足的地区自然而然成为人才竞相涌入的地区。反之，经济欠发达地区往往难以留住本地人才，更难以吸引外来人才，陷入人才流失与经济落后的恶性循环。

2. 区域创新环境的优劣

科技创新已经成为驱动现代经济增长的核心引擎，越来越多的人才被创新氛围浓厚的地区所吸引。这些地区高校林立、科研机构云集，不仅拥有一流的科技创新平台，而且在政策、资金、服务等方面为人才成长提供了有力支持。

3. 区域生活品质的高低

随着社会进步和收入水平提高，人才对美好生活的向往日益强烈。宜居的自然环境、完善的公共服务、优质的教育资源、丰富的文化生活等，已经成为吸引人才安居乐业的"软实力"。相比之下，生活成本高、公共服务差、文化生活匮乏的地区，往往难以留住高端人才，导致人才净流出现象严重。

4. 区域包容度的强弱

开放包容是当今时代的鲜明特征，也是人才实现自我价值的内在诉求。对新生事物持开放态度，尊重个体差异，鼓励探索，营造宽松环境的地区往往更受人才青睐。相反，那些观念保守、不思进取、管理僵化的地区，其狭隘封闭的环境难以容纳创新人才。

5. 区域发展战略的引领

制定科学的人才战略，完善人才政策体系，加大人才投入力度，搭建人才发展平台，为人才成长创造良好环境，是增强区域人才吸引力和竞争力的治本之策。相关行政部门应立足区域资源禀赋，找准人才发展定位，因地制宜出台人才新政，加强人才服务保障，以人才集聚推动区域经济社会实现跨越式发展。

五、科技成果转化人才的行业需求特点

（一）高新技术产业吸引力

高新技术产业对转化创新型人才有着巨大的吸引力和旺盛的需求。这些产

业代表着科技发展的前沿和未来，涉及人工智能、生物医药、新材料、新能源等诸多领域，技术更新迭代速度快，急需一大批既精通专业技术、又具备创新创业能力的复合型人才。相比传统产业，高新技术产业能够为人才提供更加广阔的发展平台。

高新技术产业注重技术创新，鼓励科研人员进行原创性研究，这为科技成果转化人才搭建了理想的创新创业环境。在这个过程中，科研人员不仅可以实现技术价值，将自己的科研成果产业化，也能获得丰厚的经济回报和发展机遇。许多科技园区、孵化器等载体为科技成果转化提供了政策、资金、市场等多方面的支持，大大降低了科研人员创业的门槛和风险。

高新技术产业大多位于经济发达地区，人才优势明显，有利于科技成果就地转化。这些区域通常拥有一流的科研院所、高校，科技人才高度集聚。科研人员可以充分利用本地丰富的科技资源，与高校、企业开展产学研合作，加速科技成果的转移转化。

高新技术产业市场前景广阔，商业化潜力巨大，能够吸引大量具有前瞻性眼光的创新创业人才。随着科技的进步和经济结构的优化升级，高新技术在国民经济中的比重不断提升。新兴产业不断涌现，呈现出蓬勃发展的态势，市场规模持续扩大。许多高新技术企业抓住机遇，快速成长为行业龙头，为相关领域的科技成果转化带来了更多机会。

高新技术产业的快速发展对科技成果转化人才提出了更高要求。一方面，科技成果从实验室走向市场，需要转化人才具备技术与市场对接的能力，对产业发展规律和技术趋势进行深入了解，可以准确把握市场需求；另一方面，科技成果转化是一个系统工程，需要转化人才统筹规划，组建跨学科、跨领域的创新团队，协调处理技术、市场、管理、法律等方面的复杂关系。

（二）传统行业转型需求

传统产业的转型升级对科技成果转化人才提出了新的要求。面对日益激烈的市场竞争，传统产业亟须通过科技创新来实现转型升级，提升核心竞争力。科技成果转化人才不仅要精通现代科学技术，还要深入了解传统产业的运作特点，具备丰富的产业经验和知识体系。只有这样，才能找准传统产业转型升级的突破口，为企业创新发展提供智力支持和人才保障。

（三）多行业融合趋势

不同行业的融合发展趋势，正在重塑科技成果转化人才的行业分布格局。随着信息技术、生物技术、新材料等前沿技术的飞速发展，学科交叉融合日益频繁，行业边界日益模糊，跨界创新、协同创新已成为科技创新的重要趋势。在这种背景下，科技成果转化人才呈现出从单一行业背景向多行业融合的发展趋势。他们只有具备更加开阔的视野和更强的学习能力，才能适应不同行业的发展需求，在跨界协同中发挥关键作用。

第二节　人才培养与引进策略

一、科技成果转化人才的培养模式

（一）产学研结合的人才培养模式

产学研结合的人才培养模式融合了理论研究与实践应用，旨在培养具备实用技能的高素质人才。这一模式打破了传统教学中理论与实践相脱节的局面，通过将课堂知识与生产实际相结合，学生在掌握扎实理论基础的同时，能够深入了解相关行业的实际需求和发展动向，提升解决实际问题的能力。

在产学研结合的人才培养过程中，高校、科研机构和企业通力合作，共同设计教学内容，开发实践项目。学生在学习理论知识的同时，有机会深入一线企业，参与实际项目的研发和实施。这种沉浸式的体验不仅能够帮助学生将所学知识与实践相联系，加深对理论的理解和掌握；还能锻炼其动手操作能力和创新意识，使其快速成长为复合型、应用型人才。

在工科专业的人才培养中，产学研结合模式发挥着越来越重要的作用。通过与行业龙头企业合作，高校可以及时了解产业发展的最新趋势和技术需求，据此优化课程设置和教学内容。学生在企业实习期间，能够参与前沿技术研发和工程项目实施，快速积累实践经验。这种紧密结合生产实际的培养方式，不仅提升了人才培养的针对性和有效性，也为企业输送了大量优秀的技术人才，促进了产业的可持续发展。

产学研结合的人才培养模式对师资队伍的建设提出了更高要求。教师不仅要具备扎实的理论功底，更要拥有丰富的实践经验和行业资源。因此，高校应积极引进具有企业工作背景的高层次人才，鼓励教师深入一线锻炼，不断提升"双师型"师资比例。同时，要搭建产学研交流合作平台，定期开展技术交流和项目合作，促进校企之间的资源共享和优势互补。

产学研结合的人才培养模式有利于增强学生的就业竞争力。通过在真实的工作环境中锻炼，学生不仅掌握了过硬的专业技能，也培养了良好的职业素养和团队协作精神。这些宝贵的实践经历使其在就业市场上更具竞争优势，更容易获得用人单位的青睐。

（二）项目驱动的人才培养模式

项目驱动的人才培养模式是一种以实际项目为载体，学生通过参与真实项目实践，提高解决复杂问题能力的教学方式。这种模式突破了传统教学的局限，将知识传授与实践应用紧密结合，激发了学生的学习热情和创新潜能。

在项目驱动的人才培养过程中，教师精心设计富有挑战性的项目任务，引导学生运用所学知识分析问题、制订方案、实施计划、评估结果。学生在项目实践中不断尝试与改进，逐步掌握了项目管理、团队协作、沟通表达等专业技能。同时，他们养成了独立思考、勇于创新的习惯，提高了分析问题、解决问题的综合能力。

项目驱动的人才培养模式有助于实现产教融合、校企合作。教师可以引入企业真实项目，邀请企业的专家参与教学指导，让学生在真实的工作情境中锻炼能力。这不仅提高了教学的针对性和实效性，也为学生未来的职业发展奠定了坚实基础。通过参与企业项目，学生能够深入了解行业前沿动态，掌握实用的专业技能，增强职业竞争力；企业也能够发现和培养优秀人才，实现人才输送与储备的良性循环。

（三）定制化人才培养模式

定制化人才培养模式是一种根据行业或企业的特定需求，有针对性地培养专业人才的教育模式。该模式着眼于市场需求和学生个性发展，通过校企合作、产教融合等途径，为学生提供更加专业化、个性化的教育服务。这种培养模式不仅能够提高人才培养的质量和针对性，还能够促进高校教育与行业发展的深度融合，为区域经济发展提供智力支撑。

定制化人才培养的核心在于根据行业需求设计培养方案。教育机构需要与行业龙头企业保持密切沟通，深入了解行业发展动向、技术更新趋势和人才需求状况，据此制定科学合理的人才培养计划。在课程设置上，定制化培养模式强调理论与实践相结合，注重学生实践能力和创新能力的培养。教学内容紧密对接行业需求，突出应用性和实践性，引入企业真实项目和案例，让学生在实践中掌握专业技能，积累工作经验。同时，定制化培养模式注重学生综合素质的提升，利用专题讲座、职业指导等方式，帮助学生了解行业发展前景，树立正确的职业价值观，提高职业适应能力。

实施定制化人才培养离不开校企合作和产教融合。高校应主动与行业龙头企业建立紧密的合作关系，吸引企业参与人才培养全过程。企业可以通过提供实习实训岗位、派遣技术人员授课、参与课程设计等方式参与人才培养，带给学生鲜活的一线实践经验。同时，校企合作能促进高校教学创新发展，推动教育资源的互通共享。例如，高校可以利用企业的技术平台开展科研项目，企业则可以通过校企合作培养储备人才。这种人才培养模式，能够实现人才培养与产业发展的无缝对接，培养出真正适应行业发展需要的高素质人才。

定制化人才培养的效果往往是显著的。一方面，学生通过在真实的工作环境中学习和实践，专业技能得到全面提升，就业竞争力显著增强；另一方面，定制化人才培养有利于提升高校的社会服务能力，推动高校成为区域创新发展的重要引擎。通过与行业龙头企业广泛合作，高校能够及时把握产业发展动向，促进科技成果转化，提升自身的社会影响力和美誉度。

二、高校与企业、科研机构的合作培养机制

（一）校企合作培养机制

校企合作培养机制是高校与企业整合资源、优势互补、互利共赢的人才培养模式。这一机制通过将高校的理论教学与企业的实践锻炼相结合，培养出既具备扎实理论基础，又富有实践经验和创新能力的复合型人才，更好地适应市场需求和社会发展。

构建校企合作培养机制需要建立紧密的合作关系和互信机制。高校应主动与企业沟通，了解企业对人才的需求和标准，邀请企业参与人才培养方案的制订和教学过程的设计；企业则应发挥自身在技术、设备、项目等方面的优势，

为高校提供实践教学资源和平台。双方应明确责权利关系，建立常态化的沟通协调机制，确保合作的持续性和有效性。

在具体的人才培养过程中，校企合作可以采取多种灵活的形式。例如，高校可以与企业联合开设订单班，根据企业需求量身定制培养方案，学生毕业后直接到企业就业；企业可以派遣技术人员到高校担任兼职教师，传授前沿技术和实战经验；高校教师也可以到企业挂职锻炼，提升实践教学能力；学生可以到企业进行实习实训，参与真实项目，提前适应职场环境。

校企合作培养机制的关键在于发挥各自优势，实现优势互补。高校拥有雄厚的师资力量和学科优势，擅长系统的理论教学和科研创新；企业则掌握着行业前沿技术和丰富的实践经验，熟悉市场需求和发展趋势。双方优势互补、资源共享，可以弥补单一主体人才培养的不足，提供更加全面、立体的教育资源，培养出理论与实践并重的高素质人才。

校企合作培养机制有利于促进产学研一体化，推动科技成果转化过程。在合作过程中，高校的前沿科研成果可以在企业找到应用场景，加速向现实生产力转化；企业的实际需求和问题也可以为高校提供研究方向和灵感，催生更多原创性成果。这种良性互动有助于形成"学习-实践-研究-再学习"的上升通道，不断提升人才培养质量。

（二）交流互访的培养机制

在科技成果转化过程中，高校、科研机构与企业之间的人才交流互访是种行之有效的人才培养机制。通过交流互访，科研人员能够深入了解企业的技术需求和发展趋势，根据实际问题调整研究方向，提高科研成果的针对性和实用性。同时，企业技术人员能够借助交流互访的机会，学习高校和科研机构的前沿理论知识，掌握最新的科研方法和实验技术，提升自身的研发能力和创新水平。

交流互访在培养复合型科技成果转化人才方面发挥着不可替代的作用。通过互访交流，科研人员和企业技术人员能够充分发挥各自优势，在实践中磨合，在协作中成长，逐步成长为既精通理论知识，又具备实践经验的复合型人才。

交流互访有利于促进不同机构和部门之间的资源共享与优势互补。通过互访交流，高校、科研机构的先进仪器设备、实验条件等优质科研资源能够与企业的产业化平台、市场渠道等优势资源实现对接，形成"1＋1＞2"的协同效应，从而加速科技成果的转移转化进程。

充分发挥交流互访在科技成果转化人才培养中的积极作用，需要完善相关的合作机制。高校、科研机构和企业要建立长效的人才交流互访机制，形成常态化、制度化的运行模式；参与交流互访的人员要以开放的心态、务实的态度投入交流互访活动中。

（三）联合研究项目的培养机制

联合研究项目的培养机制通过以研究项目为载体的实战式人才培养方式，为高校与科研机构合作培养科技成果转化人才提供了有效途径。在这一机制下，学生作为研究项目的参与者，能够深度参与科研活动的全过程，在实践中提升科研能力和创新意识。通过参与研究项目的各个环节，如项目申报、实验设计、数据分析、成果转化等，学生能够全面了解科研工作的流程和要求，掌握科学研究的基本方法和技能。同时，在与科研人员的紧密合作中，学生能够接受前沿知识和创新思维的熏陶，开拓学术视野，激发科研兴趣和创新潜力。

联合研究项目的培养机制有利于促进高校与科研机构的深度融合，实现优势互补、资源共享。高校拥有丰富的学科知识和人才资源，科研机构则掌握着前沿科技成果和产业化经验。通过共同承担研究项目，双方可以充分发挥各自优势，为项目提供全方位的支持和保障。科研人员可以将最新研究成果引入教学，丰富教学内容，提升教学质量；高校教师则可以将教学中的理论问题带入科研实践，推动科研创新。这种深度融合的培养模式，有利于缩短科技成果转化周期，加速科技创新成果的产业化应用。

联合研究项目的培养机制突出了问题导向和任务驱动的教育理念。在研究项目中，学生面临的是真实的科研问题和任务，需要运用所学知识和技能去分析、解决。这种基于真实问题情境的学习方式，能够激发学生的主动性和探究欲，提高学习的针对性和实效性。通过解决具体问题和完成实际任务，学生能够深化对理论知识的理解，提升分析问题、解决问题的综合能力。

联合研究项目培养机制的有效实施，需要制度保障和支持措施。首先，高校和科研机构要建立健全合作机制，明确双方的权责利关系，确保项目运行的规范性和连续性；其次，要加强对参与项目的学生的指导和管理，提供必要的工作条件和经费支持，确保其全身心投入研究工作中；最后，要完善学生参与科研的激励机制，设置科研助理岗位，提供学分认定、奖学金等激励措施，调动学生参与科研的积极性。

三、企业与科研机构的联合培养计划

（一）实践基地建设

通过为科研人员提供真实的工作环境和实践场景，实践基地能够有效促进理论与实践的紧密结合，提高科研人员将科技成果转化为生产力的能力。在实践基地中，科研人员可以深入一线，了解企业生产流程、技术需求和市场动态，掌握科技成果产业化的关键环节。这有助于科研人员及时发现科技成果转化过程中的问题，并与企业人员共同探讨解决方案。

实践基地为科研人员提供了宝贵的人脉资源和合作机会。通过与企业技术人员的日常交流与协作，科研人员能够建立起广泛的行业联系，为未来的科技成果转化项目奠定基础。在实践基地这个平台上，双方可以充分发挥各自优势，实现优势互补、资源共享，推动科技成果的快速转化和产业化应用。

实践基地为科研人员的能力培养提供了广阔的舞台。在真实的工作情境中，科研人员不仅能够锻炼动手能力、解决问题的能力，还能提升沟通协调、团队合作等综合素质。这些能力的提升，将使科研人员能够更好地适应科技成果转化的复杂过程，成为复合型、应用型的高端人才。

实践基地的建设需要企业和科研机构的通力合作。双方应本着"优势互补、互利共赢"的原则，在人才培养目标、培养方式、资源投入等方面达成共识，并建立长效的合作机制。企业应积极为科研人员提供实践锻炼的机会，科研机构则应鼓励科研人员深入一线、服务企业。只有双方形成合力，实践基地才能真正发挥出培养科技成果转化人才的重要作用。

（二）知识与技能共享

1. 讲座

企业可以邀请科研机构的专家学者介绍前沿科技动态、解析行业发展趋势、分享研究心得体会。这不仅有助于企业全面了解所属领域的最新进展，把握未来发展方向，也能启发企业技术人员的创新思维，为企业的技术突破和产品升级提供智力支持。科研人员也能通过讲座深入了解企业的实际需求和痛点问题，调整研究方向，使科研工作更具有针对性和实用性。

2. 研讨会

企业与科研机构可以围绕共同关心的科技问题展开讨论，激发创新灵感。在研讨过程中，企业技术人员能够就具体技术难题向科研专家请教，获得针对性的指导意见；科研人员也能通过与一线技术人员的交流，验证研究思路，优化技术方案。双方的交流互动往往能催生出颠覆性的创新点，为科技成果的产业化应用提供源源不断的动力。

3. 联合举办专业培训和技术沙龙等

企业可以选派优秀技术骨干参加科研机构组织的专业培训，学习前沿理论知识，掌握先进实验技能，提高自身的研发能力；科研机构也可以定期举办技术沙龙，邀请企业专家分享产业发展经验，解读市场需求动向，引导科研人员及时调整研究重心，加强科研成果的应用导向。

（三）跨界项目挑战

跨界项目挑战通过设置具有挑战性的跨学科、跨领域项目任务，激发人才的创新思维和跨界协作能力。在跨界项目挑战中，来自不同专业背景的科研人员需要突破学科壁垒，整合多元知识，协同攻关复杂问题。这个过程不仅能够拓宽科研人员的学术视野，还能培养其敏锐洞察行业需求、把握技术发展趋势的能力。

跨界项目挑战有助于加强企业与科研机构之间的交流互动。通过参与企业提出的实际项目，科研人员能够深入了解行业发展现状，把握产业技术需求。这不仅有利于科研成果与市场需求的精准对接，也为科研人员未来开展产学研合作奠定了基础。同时，企业能够借助跨界项目挑战发掘和培养优秀科技人才，为企业创新发展提供智力支持。

跨界项目挑战通常采取"任务驱动、团队协作、导师指导"的实践模式。企业或科研机构首先设置具有一定难度和创新性的项目任务，并提供必要的资金、设备和场地支持。然后，根据项目要求组建跨学科、跨领域的科研团队，成员之间通力协作、优势互补。在项目实施过程中，企业导师和学术导师共同为团队提供指导和帮助，传授实践经验和理论知识。团队成员通过调研、实验、设计等环节，最终完成项目任务，形成具有应用价值的科研成果。

四、科技成果转化人才的继续教育与培训

（一）在职教育与培训

随着科技的飞速发展和社会的不断进步，各行各业对从业人员的专业素质提出了更高要求。仅依靠学校教育阶段所学的知识已远远不能满足工作需要，在职人员必须不断学习新知识、掌握新技能，以适应日新月异的职业环境。在这一背景下，在职教育与培训的重要性日益凸显。

1. 知识更新

在职教育与培训能够帮助在职人员及时了解本专业领域的最新动态和前沿进展。通过参加专题讲座、学术研讨、技术培训等活动，在职人员能够接触到本领域的前沿理论和实践经验，拓宽知识视野，提升专业素养。这不仅有助于在职人员更好地完成本职工作，也为其未来的职业发展奠定了坚实基础。

2. 技能提升

在职教育与培训是在职人员掌握新技能、提高专业技能的重要平台。随着新技术、新工艺、新设备的不断涌现，许多传统的专业技能已不能完全适应工作需要。通过在职教育与培训，在职人员能够系统地学习和掌握与其职业相关的新技能，提高工作效率和质量。例如，一名机械工程师通过参加数控加工培训，掌握了数控编程、数控机床操作等新技能，极大地提高了其工作效率。

3. 能力培养

在职教育与培训能够培养在职人员的创新能力和解决问题的能力。在培训过程中，在职人员不仅能学习专业知识和技能，还能锻炼发现问题、分析问题、解决问题的能力。通过案例分析、实践操作、小组讨论等多样化的培训形式，在职人员的逻辑思维能力、决策判断能力、团队协作能力等得到全面提升，为其在工作中更好地应对各种复杂问题、培养创新能力打下了基础。

除了知识更新、技能提升、能力培养等方面的积极作用，在职教育与培训还能够激发在职人员的学习热情，营造良好的学习氛围。通过与同行业的优秀

人员交流互动，在职人员能够找到学习的榜样和动力，树立终身学习的理念。组织精心设计的在职教育与培训项目，为在职人员搭建分享经验、交流互动的平台，有助于形成积极向上、追求卓越的学习文化。

（二）远程教育与网络课程

远程教育和网络课程为科技成果转化人才培养提供了广阔的平台。借助现代信息技术手段，高校、科研机构和企业能够打破时空限制，实现优质教育资源的共建共享。

远程教育突破了传统教学模式的局限，为在职人员提供了灵活、便捷的学习机会。通过网络平台，在职人员能够根据自身需求和工作安排，自主安排学习进度和时间。同时，在线学习能够促进不同地域、不同背景人员的交流互动，拓宽在职人员的视野和思路。

网络课程的开发与应用极大地丰富了科技成果转化人才培养的内容和形式。依托大数据、人工智能等前沿技术，教育者能够精准把握在职人员特点和需求，开发出个性化、智能化的学习方案。网络课程集成了文本、图像、视频、虚拟仿真等多种媒体形式，营造出身临其境的学习体验，提高了学习的直观性和吸引力。在职人员可以通过在线实验、在线项目等方式，将所学知识与实践紧密结合，加深对科技成果转化规律的理解和把握。

远程教育和网络课程的发展对科技成果就地转化人才培养模式产生了深远影响。传统的人才培养往往以高校为主导，科研机构和企业参与有限。而在网络时代，三者能够基于网络平台开展深度合作，实现优势互补、资源共享。高校可以利用科研机构的研究成果和企业的实践案例，开发高质量的网络课程；科研机构和企业则可以借助高校的教学平台和师资力量，提升人才培养的针对性和实效性。

五、人才引进的政策支持与保障措施

（一）科技成果转化人才的职业激励政策

针对科技成果转化人才的特点，职业激励政策应体现针对性和系统性。一是要建立与科技成果转化业绩紧密挂钩的薪酬分配机制，根据人才的贡献大小和项目完成情况，给予相应的物质奖励，以充分调动其工作积极性；二是要完善科技成果转化收益分配制度，赋予科技成果转化人才合理的股权期权和分红权，使其能够分享到成果转化所带来的长期收益，增强其职业归属感和责任感。

职业激励政策应重视精神层面的激励。首先，要大力营造尊重知识、尊重人才的社会氛围，提高科技成果转化人才的社会地位和影响力。可以通过设立科技成果转化先进个人、优秀团队等荣誉称号，对表现突出的人才给予表彰和宣传，以精神鼓励的方式激发其干事创业的热情。其次，要完善人才发展通道，为科技成果转化人才提供多元化的职业发展途径，既可以在科研院所、高校从事专业技术工作，也可以到企业、园区担任管理职务，或者可以自主创业，充分发挥才能，实现人生价值。

职业激励政策的制定和实施要充分考虑长短期结合、物质精神兼顾的原则。既要重视当前激励，帮助科技成果转化人才解决实际困难，也要着眼长远发展，为其提供持续的动力源泉；既要注重物质奖励，保障科技成果转化人才的生活品质，也要注重精神激励，满足其精神文化需求。

（二）人才引进的居住和生活条件保障政策

科技人才是推动科技创新和成果转化的核心力量，只有为他们提供良好的工作生活环境，才能充分调动其积极性和创造力，推动科技成果加速向现实生产力转化。

1. 住房保障

合理的住房保障能够解决人才的后顾之忧，使其安心工作和生活。针对高层次人才，还可以提供购房补贴、安家费等优惠措施，以吸引更多优秀人才落户。住房政策的制定要充分考虑不同层次人才的实际需求，做到精准施策。

2. 生活条件保障

对于有子女教育需求的科技人才，有关部门提供优质教育资源，在入学、择校等方面给予适当倾斜，确保其子女能够享受到良好的教育。在医疗方面，应为引进人才提供优先就医、体检等服务，并纳入当地医保体系，减轻其医疗负担。同时，要完善城市基础设施，提高公共交通的便利性，丰富文化生活，营造良好的人文环境。

第三节　人才激励与评价机制

一、科技成果转化的激励政策设计

（一）目标与原则

激励政策的目标是引导和鼓励科技人才积极投身成果转化实践。合理的激励政策设计需要遵循一定的原则，既要体现科学性和针对性，又要兼顾公平性和可操作性。

在目标设定上，激励政策应注重调动科技人员的内在动力，激发其创新热情和责任担当。政策制定者要深入了解一线科研人员的实际需求，精准把握其价值取向和行为逻辑。只有激励措施切中要害，才能达到预期效果。同时，激励目标应与国家战略、区域发展规划相协调，引导科技成果转化工作朝着正确方向推进。

在原则把握上，激励政策的制定应建立在对科技成果转化规律深入研究的基础之上，符合创新活动的内在逻辑。针对不同学科领域、不同类型科技成果，需要采取差异化的激励策略。公平性原则要求在利益分配、资源配置等方面尊重科研人员的合法权益。可操作性原则强调政策措施要简明易行，配套的实施细则、流程机制要尽可能清晰具体，减少制度执行的随意性。

（二）措施分类与特点

通过精心设计和有效实施激励措施，能够充分调动科技人员的积极性和创造性，激发其将科研成果应用于生产实践的内在动力。科技成果转化的激励措施可分为物质奖励和精神激励两大类。

物质奖励主要包括现金奖励、股权奖励、收益分成等形式。现金奖励是最直接、最有吸引力的激励方式，通过一次性发放奖金或提供长期稳定的收入，使科技人员获得应有的经济利益；股权奖励则是将科技人员纳入成果转化企业的股东范围，使其能够分享企业发展的红利，形成利益共同体；收益分成则强调按照科技人员的贡献大小进行利益分配，充分体现按劳分配、多劳多得的原则。这些物质奖励措施能够直接提升科技人员的获得感和满足感，提高其投身成果转化的积极性。

与物质奖励相比，精神激励更加注重科技人员的内在需求和价值追求。荣誉表彰是最常见的精神激励形式，通过授予荣誉称号、颁发奖章证书等方式，肯定科技人员在成果转化中的突出贡献，提升其社会地位和影响力。职称评定、岗位晋升也是重要的精神激励措施，为科技人员提供了清晰的职业发展通道，激发其不断进取、追求卓越的动力。此外，组织推荐申报人才计划、资助参与学术交流等，也能够满足科技人员提升专业能力、拓展发展空间的需求。这些精神激励措施立足科技人员的长远发展，激发其内生动力，有利于形成良性的成果转化生态。

物质奖励和精神激励相辅相成、互为补充。一方面，合理的物质奖励能够为精神激励提供现实基础，提升科技人员获得感和尊严感，为其全身心投入成果转化创造有利条件；另一方面，适度的精神激励能够凝聚科技人员的向心力和归属感，培育其家国情怀和使命担当，使物质利益与精神追求实现有机统一。因此，科技成果转化的激励机制设计应坚持物质奖励与精神激励并重，根据不同主体、不同阶段的特点，灵活采取针对性措施，最大限度地调动科技人员的积极性。

（三）制定流程与关键要素

制定科学合理的人才激励政策需要平衡个人利益和组织利益，构建互利共赢的激励机制。从制定流程来看，激励政策的设计应该遵循目标导向、利益兼顾、公平公正等基本原则。

政策制定者需要明确激励的目标，在政策设计中体现成果转化绩效与个人利益挂钩的目标导向，调动科技人员的积极性和创造性。

激励政策应当兼顾个人和组织的利益诉求。从科技人员个人视角来看，成果转化不仅意味着经济回报，更包括职业发展、社会声誉等多方面诉求。因此，激励政策应当在物质奖励和精神鼓励等方面形成合力，满足科技人员的多元需求。从组织视角来看，成果转化是实现创新驱动发展、提升核心竞争力的重要途径。激励政策的制定要紧密结合组织的战略目标，服务于组织长远发展。

政策制定过程应坚持公平公正理念。一方面，要保证正义的政策制定程序，广泛听取一线科技人员、成果转化管理者等各方主体的意见，凝聚共识、形成合力；另一方面，政策内容要体现分配正义，合理确定科技人员与组织之间利益分配的比例。

激励政策的制定要注重不同类型、不同层次科技人员的差异化需求,提供精准化的激励措施。有效的激励政策应具备针对性、差异性和弹性等特点。针对性是指政策设计要紧密结合不同阶段、不同领域科技成果转化的特点,提供有的放矢的激励措施。例如,对于基础性强、转化周期长的科研成果,可以侧重长期激励;对于应用性强、产业化程度高的成果,则应侧重即时激励。差异性是指在政策设计中要充分考虑不同类型科技人员的特点和需求,提供差异化的激励方案。例如,对于高层次科技领军人才,可以在决策参与、资源配置等方面给予更大的自主权;对于青年科技人员,则应更加注重成长规划、能力培养等方面的激励。弹性是指激励政策要预留一定的调整空间,根据政策实施效果和内外部环境变化及时优化调整。激励政策的生命力在于执行,只有在实践过程中不断总结经验教训,完善政策设计,才能真正发挥激励作用。

二、激励机制在科技成果转化中的应用

(一) 转化过程中的激励点

科技成果转化是一个复杂而系统的过程,涉及多个环节和众多主体。在这一过程中,不同阶段对人才激励的需求存在明显差异。深入分析成果转化各阶段的特点,有针对性地设计激励措施,对于充分调动科技人员积极性,促进科技成果高效转化具有重要意义。

成果发明阶段主要以基础研究和应用基础研究为主,科研人员需要投入大量时间和精力开展探索性工作。因此,相关激励政策应侧重于为科研人员营造宽松的学术氛围,减少对其科研活动的过多干预和限制。同时,应完善以同行评议为主的科研绩效评价机制,突出科研质量和原创性贡献。对于取得重大原创性成果的科研团队和个人,应给予重奖,以鼓励更多科研人员投身原始创新工作。

成果实施阶段是将科技成果转化为现实生产力的关键环节。这一阶段不仅需要科研人员提供技术支持和指导,更需要技术转移、工程化、产业化等方面的复合型人才参与其中。因此,激励政策应更加注重对科研与产业衔接的人才培养和引进,完善产学研协同创新机制,加快科技成果转化速度。对于在成果转化中做出突出贡献的科技人员,应给予物质和职称晋升等激励,调动其参与成果转化的积极性。同时,应加大对科技成果转化过程中知识产权保护和运营

的支持力度，维护科技人员合法权益。

成果推广阶段是实现科技成果大规模应用和经济社会效益最大化的重要阶段。因此，激励政策应突出市场导向，完善技术交易和科技金融服务，为科技成果推广应用创造良好的政策环境。同时，应发挥示范引领和品牌战略，广泛宣传科技成果转化的典型案例和先进经验，提高全社会对科技创新和成果转化的认识和重视。对在成果推广中表现突出的企业、高校、科研机构及科技人员，应给予荣誉表彰和政策扶持，激发更多主体投身成果转化事业。

（二）实效性评估

设计合理的激励机制能够充分调动科技人员的积极性，推动科技成果的高效转化和产业化应用。然而，如何客观、准确地评估激励机制的实施效果，进而优化完善激励政策，是一个值得深入探讨的问题。

激励机制的实效性评估应建立在科学的指标体系上。这一指标体系既要全面反映科技成果转化的关键环节和核心要素，又要具有可操作性和可衡量性。指标体系可以从成果转化的数量、质量、效率、效益等维度进行设计，涵盖专利申请与授权、技术合同签订与交易、新产品开发与销售、经济效益与社会效益等多个方面。同时，指标的设定应兼顾不同类型科技成果的特点，如基础研究、应用研究、实验开发等。

激励机制的实效性评估需要建立完善的数据收集和分析机制。一方面，要及时、准确地收集科技成果转化过程中的各类数据，如科研人员的参与度、成果转化的阶段性进展、市场反馈等；另一方面，要运用科学的统计分析方法，对收集到的数据进行加工处理，形成客观、可靠的评估结果。在此基础上，还应建立激励机制动态调整的反馈机制，根据评估结果及时优化激励政策，提高其针对性和有效性。

激励机制的实效性评估应注重定性与定量分析相结合。定量分析虽然能够提供直观、可比较的数据支撑，但单纯的数据分析可能会掩盖一些深层次的问题。因此，有必要辅之以定性分析，利用深入访谈、问卷调查等方式，了解科研人员的真实想法和诉求，剖析影响激励机制实施效果的深层次原因。只有定性与定量分析相互印证、相互补充，才能真正揭示激励机制的实施效果，为政策优化提供可靠依据。

三、科技成果转化绩效评价指标体系

（一）理论基础与框架

构建科学合理的绩效评价指标体系，是绩效评价工作的基础和前提。只有建立在扎实理论基础之上，遵循必要的基本原则，绩效评价指标体系才能真正发挥应有的引导和激励作用，推动科技成果转化工作高质量开展。

建立绩效评价指标体系必须立足于系统科学的理论基础。首先，要以系统论为指导，将成果转化绩效评价视为一个有机整体，统筹考虑投入、过程、产出等各个环节，设计全面系统的评价指标；其次，要运用利益相关者理论，兼顾各方主体的利益诉求，既要重视成果持有人的获得感，也要关注转化主体的积极性，更要最大程度实现经济社会效益；再次，要借鉴目标管理理论，围绕成果转化的总体目标，分解设置具体的阶段性目标和评价指标，实现目标的层层传导和逐级落实；最后，要吸收绩效管理、创新管理等理论的最新成果，为建立科学的评价指标体系提供理论支撑。

绩效评价指标体系的建立应遵循一些基本原则。一是导向性原则，围绕国家创新驱动发展战略和科技成果转化工作的中心任务，突出评价指标的引领作用；二是针对性原则，立足不同学科、不同类型成果的特点，设置差异化、个性化的评价指标，提高评价的精准度；三是可操作性原则，坚持定性与定量相结合，优选直观、易于获取的数据指标，便于评价工作的具体开展；四是动态调整原则，根据科技成果转化工作的阶段性特点和发展需要，适时优化调整评价指标，保持指标体系的先进性；五是廉洁性原则，加强评价过程监督，确保绩效评价工作的公平公正。

（二）常见指标及应用

针对不同类型的科技成果，应建立与之相适应的评价指标，全面考查转化过程中的关键环节和影响因素。

对于应用型科技成果，其转化绩效评价应侧重技术成熟度、市场需求契合度、产业化应用前景等指标。这类成果往往具有较强的实用性和针对性，评价指标应重点考察其能否满足特定领域或行业的技术需求，解决生产实践中的实际问题。同时，应评估成果的技术先进性、经济可行性，以及在相关产业中的应用潜力和市场空间。

对于基础研究类科技成果，绩效评价指标应注重原创性、科学价值、学术影响力等方面。这类成果旨在拓宽人类知识边界，揭示自然规律，为技术进步提供理论基础和源头支撑。因此，评价时应考察成果的创新性和独特性，判断其能否填补学科领域的空白，引领未来研究方向。同时，应综合衡量成果发表的学术期刊影响因子、引用频次、同行评价等学术影响力指标。

对于集成创新类科技成果，绩效评价指标应兼顾技术复杂度、集成难度、应用效果等维度。这类成果通常汇聚了多学科、多领域的最新进展，评价时既要考察各项技术的先进性，也要评估技术之间的耦合匹配度和协同效应。同时，应重点评估成果在实际应用中能否发挥出预期的整体优势，带来显著的性能提升或效率提高。

不同业态的科技成果转化，在绩效评价指标选择上应有所侧重。例如，高新技术产业的成果转化评价应强调成果的颠覆性和引领性，传统产业的成果转化评价则应看重成果在降本增效、提质增效方面的实际贡献。

（三）动态调整与优化

1. 建立多方参与的反馈渠道

评价指标体系的调整应广泛吸收一线转化人员、企业代表、行业专家等各方意见。通过问卷调查、座谈访谈等形式，及时了解指标体系在实践中遇到的问题，听取各方对指标设置的改进建议。只有建立起顺畅的反馈渠道，才能确保指标体系调整的针对性和实效性。

2. 加强分类指导，突出评价的差异性

不同学科领域、不同类型的科技成果，其应用模式存在明显差异。一些应用基础较好的成熟技术，更看重其经济效益、推广应用规模等指标；而一些前沿性、探索性的科研成果，可能更强调其科学意义、行业影响等指标。因此，在动态调整评价指标体系时，要注重分类指导，针对不同特点的科技成果，设置差异化的评价指标，提高评价的精准性。

3. 注重评价指标体系的稳定性和延续性

频繁变动评价规则，不仅会增加基层转化工作的难度，也不利于绩效评价

发挥激励引导作用。因此，评价指标体系在动态调整时，要把握稳中求进的原则，保持核心指标的相对稳定，同时有选择地增补和修订部分指标。

四、科技成果转化人才的职业发展规划

（一）设计原则与方向

职业规划的设计需要综合考虑个人成长和组织需求两个维度，以实现个人职业发展与组织人才培养的有机融合。

从个人成长的角度来看，职业规划设计应充分尊重科技人才的职业志向和发展诉求，为其提供清晰、合理的职业发展通道。通过系统的职业生涯规划，科技人才能够明确自身的长远发展目标，了解不同职业阶段所需的知识、技能和经验，从而有的放矢地提升自我，实现职业理想。同时，个性化的职业规划设计能激发科技人才的工作热情和内在动力，使其在实现自我价值的过程中为组织创造更大价值。

从组织需求的角度来看，职业规划设计应服务组织的战略目标和人才发展规划，为组织源源不断地输送各类高素质人才。通过对关键岗位和人才的梳理，组织可以预判未来发展所需的人才类型和数量，并据此设计纵向发展和横向拓展并重的职业途径。纵向途径为科技人才提供了向上流动的空间，使其在专业领域不断深耕，成长为学科带头人或业务骨干；横向途径则为科技人才开辟了跨领域发展的可能，帮助其拓宽知识视野，成为复合型人才。合理的职业发展规划不仅能满足组织当前的人力资源需求，还能为组织的可持续发展提供人才保障。

个人成长与组织需求是相辅相成、互为补充的。组织通过提供丰富的职业发展机会吸引并留住优秀人才，个人则在实现自我价值的同时为组织创造价值。因此，职业规划的设计应在个人与组织间寻求平衡，既要关注科技人才的职业发展诉求，又要服务于组织的战略目标。

（二）不同类型机构中科技人才的职业发展规划

高校、科研院所、企业是科技人才职业发展的三大主要阵地，其职业发展规划既有共性，也存在显著差异。

1. 高校

高校科技人才的职业发展通常始于博士后或助理教授，随着科研能力的提升和学术成就的积累，逐步晋升为副教授、教授乃至院士。在这个过程中，科研成果的质量和数量是考核的重要指标。优秀的科研成果不仅能够提升学术声誉，更有助于争取到更多的科研资源，形成良性循环。

2. 科研院所

除了传统的学术型人才，注重成果应用和产业化的复合型人才也备受青睐。科研院所通常设有专门的成果转化岗位，为科技人才提供了在科研和转化间切换的平台。此外，参与重大科技攻关、承担企业委托项目等，也是科研院所人才脱颖而出的重要途径。科研院所还非常重视人才的产业视野和资源整合能力，鼓励科研人员与企业开展深度合作，推动关键技术在行业内的推广应用。

3. 企业

企业科技人才的职业发展规划通常与研发项目和业务板块紧密相连。一方面，企业高度重视科技人才在研发管理、成果转化中的作用，设置了诸如首席科学家、首席技术官等高层职位；另一方面，科技人才还有机会在产品、营销等业务部门任职，深度参与产品全生命周期管理。对于那些具有前瞻性思维、开拓性视野的科技人才，还有可能在企业内部创办新的业务板块，开启职业发展的新篇章。

（三）挑战与应对策略

科技成果转化人才在职业发展过程中面临着诸多挑战，需要采取多元化的应对策略。随着科技创新的不断深入和产业结构的加速调整，科技成果转化已经成为推动经济高质量发展的关键因素。作为承担成果转化重任的专门人才，他们不仅要具备扎实的专业知识和技能，更需要及时把握行业发展动向，不断更新知识结构，提升创新能力。然而，在现实中，科技成果转化人才的职业发展道路并非一帆风顺，他们往往面临着多重困境和挑战。

从外部环境来看，我国科技成果转化的生态系统尚不完善，相关政策法规和配套措施有待进一步健全。这导致科技成果转化人才在实际工作中缺乏必要的制度保障和政策支持，难以充分发挥专业优势。同时，成果转化链条涉及多个环节和主体，需要科研机构、高校、企业等多方协同配合。但在实践中，各主体之间往往存在信息不对称、利益诉求不一致等问题，影响了成果转化的效率和质量。这对科技成果转化人才的工作开展造成了一定阻碍。

从个人发展角度来看，科技成果转化人才普遍面临专业发展路径不明晰、职业上升空间有限等困境。当前，我国针对这一群体的职业发展通道设计仍不够完善，岗位晋升标准、考核评价机制有待进一步优化。这导致许多优秀人才难以找到明确的职业发展方向，专业积累和潜力难以得到充分发挥。同时，科技成果转化工作对从业人员的知识结构和能力要求较高，需要深厚的学科专业背景和前瞻性的战略眼光。然而，在现实中，成果转化人才普遍存在知识更新不及时、学科视野不够开阔等问题，制约了创新能力的提升。

面对上述挑战，科技成果转化人才亟需采取针对性的应对策略。一方面，要主动加强与政府、产业界的沟通对接，积极争取相关政策和资源支持，为成果转化工作营造良好的外部环境。同时，要不断拓展专业视野，加强与科研院所、高校、企业等各方主体的交流合作，推动成果转化链条的完善和优化。另一方面，科技成果转化人才要高度重视自身的职业发展，树立终身学习理念，加强专业知识的更新迭代。要立足岗位需求，针对性地提升技术研发、项目管理、市场分析等方面的实践能力，为职业发展奠定坚实基础。

科技成果转化人才还应积极参与相关领域的学术交流和产业对话，拓宽学科视野，提升前瞻性思考和判断力。要主动把握行业发展趋势，洞察关键技术革新动向，在实践中不断锤炼专业能力。同时，面对职业发展道路的复杂性和不确定性，科技成果转化人才要保持开放包容的心态，勇于探索，敢于创新，在挑战中寻求突破和成长。唯有如此，才能推动科技成果转化人才队伍的良性发展，为我国科技创新和经济高质量发展提供坚实的人才支撑。

五、激励与评价机制的实施效果分析

（一）定性与定量分析方法

定性分析主要利用访谈、观察、案例研究等方式，深入了解科技人员对激励评价政策的认知和态度，以及这些政策对其行为的影响。通过与科技人员的深度交流，可以发现激励与评价机制在实施过程中的优势和不足，为优化完善提供针对性建议。例如，访谈可以揭示某项奖励政策能否有效调动科技人员的积极性，或者存在导向偏差的现象。

定量分析侧重于运用统计学方法，客观测度激励与评价机制实施前后的变化，如科技成果产出数量、成果转化率、人员满意度等关键指标的变动情况。通过收集不同时期、不同群体的数据，运用回归分析、方差分析等统计模型，可以定量比较不同激励措施的实施效果，识别影响因素。例如，对专利申请量的横向比较可以反映出修订后的奖励政策是否更有利于推动科技创新。

将定性与定量分析方法有机结合，能够全面、准确地评估激励与评价机制的实施效果。一方面，运用定性方法深入剖析利益相关方的心理和行为变化，发掘影响政策实施的深层次原因；另一方面，运用定量方法准确测算关键指标的变化，增强评估结果的可信度。两种方法的结合，可以相互印证、相互补充，扬长避短。

在具体实施过程中，需要针对不同的评估对象和目的，灵活选择分析方法。对于旨在考察政策社会影响的评估，可以侧重于个案访谈、焦点小组等定性分析；对于注重绩效评价的考核，则可以侧重于指标测算、数据分析等定量方法。为确保评估工作的客观公正，还需建立第三方评估机制，引入外部专业力量参与。只有通过科学设计评估方案，合理运用定性与定量分析方法，择优遴选评估实施主体，才能真正发挥绩效评估的导向作用，推动科技奖励政策不断优化完善。

（二）深入案例研究

通过对典型案例的剖析，能够洞悉机制运行的内在逻辑，发现其中存在的问题与不足，进而提出针对性的改进策略。这不仅有助于完善科技成果转化中的人才激励与评价体系，还能为相关政策的优化完善提供实证依据。

案例研究需要坚持问题导向，聚焦机制实施过程中的关键环节和薄弱环节。例如，在激励政策方面，可以分析不同类型的激励措施在实际应用中的效果差异，探讨其原因所在；在绩效评价方面，可以剖析指标体系设置的科学性与可操作性，审视评价过程中存在的主观性和随意性问题。问题导向的案例分析能够找准机制运行中的症结所在，为其改进完善指明方向。

案例研究应注重实证性和全面性。一方面，要深入一线，利用调查访谈、数据采集等方式，全面收集案例的第一手资料，确保分析结论的真实可靠；另一方面，要兼顾案例的代表性和多样性，既要选取在激励与评价实践中取得突出成效的优秀案例，总结其经验做法；也要直面问题频发、效果不佳的反面案例，剖析其教训所在。

　　案例研究应体现前瞻性和建设性。机制实施效果评估不能仅满足对既有案例的事后评判，更要立足机制发展的趋势和规律，以开放、创新的视角审视案例，从中探索未来优化完善的策略。同时，案例研究的最终目的是为机制创新提供智力支持，因此应在分析问题的基础上，提出切实可行的对策建议，为决策部署提供有益参考。这就要求在研究过程中要紧密结合实际，充分吸收一线人员的意见建议，使研究成果更具实践针对性和指导意义。

第三章 科技成果就地转化的技术支撑体系

第一节 技术支撑体系的构建

一、技术支撑体系的基本框架

(一) 设计原则

技术支撑体系的设计应立足区域实际，充分考虑当地产业发展水平、科技创新能力、人才资源禀赋等因素。只有紧密结合区域特点，才能构建契合当地需求、具有针对性和实效性的支撑框架。同时，还要兼顾体系的开放性和灵活性，为未来发展预留空间，使其能够适应产业升级和技术进步的需要。

技术支撑体系的构建要坚持需求导向，以解决科技成果转化"最后一公里"问题为出发点和落脚点。在设计框架时，要深入调研区域内企业的技术需求和产业发展瓶颈，精准对接科技成果供给和产业需求，提供全链条、全方位的技术支持服务。只有切实提高科技供给的针对性和有效性，才能最大限度地发挥技术支撑体系的作用。

搭建技术支撑体系必须坚持系统思维，统筹各要素资源，强化内部协同联动。一方面，要注重体系内各主体的分工合作，建立健全政产学研用协同创新机制，促进各方优势互补、资源共享；另一方面，要加强与区域外创新资源的对接，积极嵌入国内国际产业链和创新网络，借力外部力量补齐区域短板。只有这样，才能形成整体合力，不断提升区域科技成果转化能力。

技术支撑体系的设计要体现市场化、专业化导向。应充分发挥市场在资源配置中的决定性作用，引入竞争机制，提高服务的质量和效率。同时，还要加快培育专业化的技术转移机构和人才队伍，提供高水平、高质量的技术服务，推动科技成果市场化、产业化。

构建技术支撑体系要着眼长远，强化制度供给，注重体系运行的可持续性。应加快完善相关政策，为科技成果就地转化营造良好的制度环境。同时，还要建立常态化的工作机制，加强体系运行监测和绩效评估，及时优化、完善相关举措，确保支撑作用的持久性和稳定性。

（二）实施步骤

构建技术支撑体系需要遵循科学的步骤和严谨的流程。为了确保技术支撑体系真正落地，发挥其应有的作用，必须对实施过程进行详细的步骤分解和可操作的指南制定。

1. 成立专门的领导小组

领导小组要总体目标、关键任务、时间进度等进行顶层设计，明确责任分工和考核机制，为后续工作提供方向指引和组织保障。

2. 开展全面的调研和需求分析

通过深入基层一线，广泛听取科研人员、企业代表、管理部门等各方意见，准确把握科技成果转化过程中存在的突出问题和现实需求，为技术支撑体系的构建提供决策依据。在调研过程中，要注重发现可借鉴、可复制的先进经验和典型案例，为体系设计提供有益启示。

3. 制订切实可行的实施方案

根据调研情况和需求分析，科学设计技术支撑体系的总体框架和各项任务，明确平台建设、资源整合、机制完善等重点工作的时间表和路线图。实施方案要立足实际，量力而行，避免好高骛远、脱离实际是；要注重创新协同，促进政策、人才、资金等各类创新要素的优化配置和深度融合。

4. 加强组织实施和过程管理

成立专门的工作组，负责技术支撑体系建设的组织实施和日常管理；建立定期会商、联络协调、督查考核等工作机制，及时研究解决实施过程中遇到的新情况、新问题；加强风险防控，完善应急预案，确保各项任务平稳有序地推进。

5. 强化评估总结和持续优化

建立健全评估评价机制，采取自评与他评、过程评价与结果评价相结合的方式，客观评估技术支撑体系建设的成效和不足；总结推广好的做法和经验，及时发现并纠正存在的偏差和欠缺；建立常态化的优化改进机制，根据评估结果和实践需要，不断完善技术支撑体系，提高其针对性、有效性和可持续性。

二、技术支撑平台的建设

（一）平台类型与特性

不同类型的技术支撑平台各具特色，在功能定位、服务模式、运营机制等方面呈现多样化特征。

从功能定位来看，技术支撑平台主要包括技术研发平台、技术转移平台、技术服务平台等类型。其中，技术研发平台侧重于开展关键共性技术攻关和前沿技术研究，为产业发展提供持续的技术供给；技术转移平台专注于推动科技成果的转移转化，促进产学研深度融合；技术服务平台致力于为企业提供检验检测、标准制定、知识产权等专业化服务，助力企业提升创新能力和市场竞争力。

从服务模式来看，不同技术支撑平台根据自身资源禀赋和区域产业特点，探索形成了多元化的服务方式。一些平台依托高校、科研院所的雄厚科研实力，搭建产学研协同创新网络，开展协同攻关和技术孵化；另一些平台立足区域产业集群，为中小企业提供便利化、低成本的技术支持服务；还有一些平台积极对接国内外创新资源，引进消化吸收再创新，推动关键技术的突破和产业化应用。

从运营机制来看，技术支撑平台在产权结构、盈利模式、激励机制等方面存在差异。市场化运作的平台引入社会资本，实行混合所有制，更加注重成果转化效率和经济效益；一些探索事业单位改变的平台积极引入竞争机制，完善绩效考核和收益分配机制，调动科研人员的积极性和创造性。

（二）建设要素

技术支撑平台的建设水平直接关系科技成果转化的效率和质量。为了确保平台建设取得成功，需要充分调动和整合各方面的关键资源与条件，形成合力，协同推进。

1. 人才

高水平的科研人员、技术专家、产业化人才是推动科技成果转化的核心力量。在平台建设过程中，要充分发挥各类人才的专业特长，组建跨学科、跨领域的复合型团队，实现优势互补，协同攻关。同时，还要建立健全人才引进、培养、激励机制，为各类人才的成长发展提供良好的环境和条件，激发其创新创业活力。

2. 资金投入

科技成果转化是一项系统工程，需要大量的资金支持。高校、企业、社会等多元主体应加大投入力度，建立多渠道、多层次的资金投入机制，为平台建设提供持续、稳定的经费来源。资金投入要突出重点，聚焦关键环节，提高资金使用效益。

3. 基础设施

科技成果就地转化离不开先进的仪器设备、实验室、中试基地等硬件设施。平台建设要加强基础设施布局和建设，完善公共服务体系，为科研人员提供优良的科研条件和技术支撑。基础设施建设要立足区域产业特色和优势，实现资源共享，促进协同创新，提升平台的综合效能。

4. 制度创新

科技成果转化是一项复杂的系统性工程，涉及多个环节和主体，需要制度的有力支撑。平台建设要建立健全科技成果转化的组织管理体系、运行机制等，营造良好的制度环境，充分调动各方参与的积极性；要建立科学的绩效评价体系，建立容错纠错机制，为科研人员创新创业提供制度激励。

5. 产学研深度融合

科技成果的就地转化需要产学研各方通力合作、优势互补。平台建设要以企业需求为导向，发挥高校、科研院所的基础研究和原始创新优势，加强与行业、企业的对接合作，共建技术创新联盟、产业技术创新战略联盟等合作平台，共同开展关键核心技术攻关，加速科技成果向现实生产力转化；要探索建立市场化运作机制，促进科技、产业、金融深度融合，实现成果转化全链条设计，打通"最后一公里"。

6. 聚焦区域发展需求

科技成果就地转化要立足区域经济社会发展实际，找准优势特色产业，精准对接区域创新需求。平台建设要主动服务区域发展战略，融入区域创新体系，发挥高校、科研院所的优势，与地方行业企业建立紧密合作关系，形成区域协同创新格局，带动区域经济高质量发展；要立足当地资源禀赋，发展特色优势产业，打造区域创新高地。

（三）运营与维护

高效运行、持续更新的技术平台能够为科技成果的转移转化提供强有力的支撑，确保成果迅速、顺利地从实验室走向市场。相反，如果技术平台运营不善，缺乏必要的维护和升级，不仅会影响科技成果转化的效率和质量，还可能导致宝贵的科研资源被浪费。

从运营的角度来看，技术平台需要建立完善的管理制度和工作流程。这包括明确平台的功能定位、组织架构、人员分工等，制定科学合理的运行规则和绩效考核标准。只有在制度的规范和流程的指引下，技术平台的各项工作才能有序开展，各类资源才能得到优化配置。同时，平台运营还要注重对用户需求的挖掘和满足。通过与科研人员、企业等用户的密切沟通，深入了解用户在成果转化中遇到的困难和需要的服务，并据此调整平台的工作重点，不断优化服务内容和方式。唯有如此，技术平台才能真正成为连接科研与产业的桥梁，推动科技成果加速向现实生产力转化。

从维护的角度来看，技术平台需要配备专业的技术团队，对各类硬件设施、软件系统进行日常养护和定期检修，以保证平台稳定运行。一旦出现设备故障、系统漏洞等问题，维护团队要能够快速响应，及时排除隐患，将平台的运行风险降到最低。与此同时，技术平台还要与时俱进地进行更新升级。随着科学技术的飞速发展，一些过时的设施设备、落后的管理系统可能无法适应新的需求。因此，维护团队应积极引进先进技术，改造现有系统，为科技成果转化提供更加智能化、个性化的服务。只有经过不断维护和升级，技术平台的功能和性能才能持续提升，才能为科技成果的就地转化提供长期而有力的支撑。

三、技术支撑资源的整合

（一）资源整合的意义

科技成果转化是一个复杂的系统工程，涉及多方主体、多种要素、多个环节。在这个过程中，技术资源发挥着不可或缺的支撑和保障作用。因此，整合各类技术资源，实现资源优化配置和高效利用，已经成为新时期推动科技成果转化的关键举措。

1. 实现资源的优势互补和协同创新

不同的技术资源具有不同的功能和特点，只有通过有机整合，才能最大限度地发挥各自优势，实现"1＋1＞2"的聚合效应。同时，技术资源的整合还能够促进不同主体之间的交流与协作，打破"孤岛"壁垒，激发协同创新的活力。跨学科、跨领域的技术资源整合往往能够产生新的思想火花，催生创新性的技术突破，为科技成果转化开辟新的途径。

2. 降低科技成果转化成本，缩短转化周期

科技成果转化往往需要大量的人力、物力、财力投入，如果缺乏必要的技术资源支撑，转化过程就会阻力重重，难以为继。通过整合各方技术资源，可以实现对资源的充分共享与优化配置，避免重复投资和资源浪费，从而有效降低转化成本。同时，技术资源的整合还有助于加快技术突破和产品研发进程，使科技成果能够更快地走向市场，产生经济社会效益。

3. 增强科技成果转化的针对性和实效性

科技成果要真正实现产业化、商业化，必须紧密结合市场需求和产业发展实际。而这就需要整合来自产学研用等不同领域的技术资源，充分吸收企业、市场、用户的真知灼见。唯有如此，科技成果转化才能找准方向，对接实际需求，开发出有市场竞争力的新技术、新产品。

（二）资源整合的模式

在科技成果就地转化过程中，需要综合考虑技术特点、应用场景、市场需求等方面因素，采取恰当的整合模式，才能最大限度地发挥技术资源的价值，推动科技成果高效转化。

1. 集中整合

在集中整合模式下，相关技术资源被集中到一个平台或机构，由其统一管理和调配。集中整合有利于实现资源的集约化利用，避免重复投入和低水平重

复，提高技术资源配置效率。同时，集中管理便于形成规模效应，有利于技术资源的优化组合和深度开发。但集中整合对管理能力要求较高，需要平台或机构具备强大的协调、调控和服务能力，否则可能导致资源闲置和低效利用。

2. 网络化整合

网络化整合依托信息网络技术，将分散的技术资源连接起来，实现优势互补和协同创新。网络化整合打破了地域和部门的界限，有利于促进跨区域、跨领域的技术资源共享与合作，提高科技成果转化的针对性和有效性。在这种模式下，技术资源所有者可以根据自身需求自主选择合作伙伴，灵活组建技术创新联盟，共同开发和应用技术成果。但网络化整合对参与各方的诚信和协作要求较高，需要建立规范的共享机制和激励机制，化解利益分配和权属保护等方面的矛盾。

(三) 资源管理的策略

资源整合直接关系转化效率和质量。在实际操作中，资源整合往往面临诸多挑战，如资源分散、信息不对称、协调困难等。为了应对挑战，相关主体需要采取有针对性的管理策略。

1. 建立资源信息共享机制

通过构建统一的信息平台，将分散的资源信息进行集中管理和实时更新，可以有效破解信息孤岛，提高资源的可见性和利用率。同时，信息共享还有助于促进各方主体之间的沟通协调，形成合力，促进资源整合。

2. 优化资源配置

在充分掌握资源信息的基础上，应根据科技成果转化的实际需求，对各类资源进行系统梳理和优化配置。这不仅包括硬件设施、原材料等有形资源，还包括技术、人才、资金等无形资源。只有实现资源的优化组合，才能最大限度发挥资源的效用，提高转化绩效。

3. 加强多方协同

科技成果就地转化涉及产、学、研、政等主体，资源整合必然需要各方密切配合。为此，应建立健全协调机制，明确各自职责，形成分工合作、优势互补的良性互动。同时，要加强沟通交流，及时化解分歧矛盾，形成凝聚共识、协同推进的合力。

4. 创新资源整合模式

随着科技的进步和市场的变化，传统的资源整合模式可能难以适应新形势新要求。因此，需要积极探索创新性的整合模式，如跨界融合、开放共享、柔性组合等，不断优化资源配置，提高资源利用效率。这既需要理念的更新，也需要机制的创新。

5. 完善配套政策

相关部门应根据科技成果就地转化的实际需求，制定针对性的支持政策，为资源整合创造良好的制度环境。这包括完善产权保护制度、优化市场准入机制、加大财税金融支持等，为各类创新资源的有效整合提供制度保障。

四、技术支撑机制的完善

健全、高效的技术支撑机制能够为科技成果的应用和推广提供必要的保障，推动科技创新与产业发展深度融合。构建完善的技术支撑机制，需要从顶层设计入手，统筹规划，系统谋划，明确机制的总体框架和实施途径。

（一）建立健全技术支撑政策体系

制定一系列鼓励创新、促进转化的政策措施，为技术支撑机制的运行提供制度保障。这些政策应涵盖财政、税收、金融、人才等多个方面，形成协同配套、互为支撑的政策合力。同时，要注重政策的针对性和实效性，根据不同区域、不同行业的特点，制定差异化的支持政策。

（二）优化技术支撑服务模式

构建"政产学研用"深度融合的技术支撑服务体系，促进高校、科研院所与企业紧密合作，提升技术供给与产业需求的契合度；鼓励发展第三方技术服务机构，为科技成果转化提供专业化、市场化的服务；建立技术经理人制度，培育一支懂技术、善管理、会市场的复合型人才队伍，推动科技成果高效转化。

（三）加强技术支撑平台建设

建设一批高水平的技术创新平台、成果转化平台和产业化基地，为科技成果就地转化提供强有力的载体支撑；重点支持共性关键技术研发平台、重大科技基础设施、科技资源开放共享平台等建设，提升关键领域的技术创新能力；加快建设技术交易市场、技术转移中心等成果转化平台，促进科技成果与市场需求精准对接。

（四）完善技术支撑机制的运行机制

建立健全成果评价、利益分配、风险分担等机制，调动各方参与科技成果转化的积极性；探索建立科技成果转化的负面清单制度，明确禁止性条款，规范转化行为；建立科技成果转化的绩效评估和监管机制，加强对转化过程的督导和审计，确保成果转化规范有序、安全高效。

五、技术支撑团队的组建

（一）团队构成与角色

专业、高效、协同的技术支撑团队，能够为科技成果的转移转化提供强有力的智力支撑和服务保障。团队成员的专业背景、知识结构、实践经验等，直接影响技术支撑工作的质量和效率。因此，在组建技术支撑团队时，必须立足科技成果转化的实际需求，合理配置人员，明确分工，优化组合，确保团队结构的科学性和合理性。

从专业背景来看，技术支撑团队应该包括技术专家、产业分析师、市场营销人员、法律顾问等多个角色。其中，技术专家是团队的核心力量，他们深谙相关领域的前沿动态和发展趋势，能够对科技成果进行全面评估和优化改进，为成果转化提供关键技术支撑；产业分析师聚焦产业发展态势，把握市场需求动向，为成果择业选题、应用场景拓展等提供决策依据；市场营销人员负责对接客户需求，挖掘潜在市场，制定营销策略，推动科技成果的推广应用；法律顾问提供知识产权保护、合同签订等法律服务，维护团队和机构的合法权益。

从知识结构来看，技术支撑团队成员应该具备跨学科、复合型的知识背景。一方面，团队成员需要掌握扎实的专业知识和技能，深入理解科技成果的技术原理、功能特性、应用条件等，这是开展技术支撑工作的基本前提；另一方面，团队成员需要广泛涉猎管理、经济、法律等相关学科知识，全面把握科技成果转化的内在规律和外部环境，增强技术支撑工作的全局性和前瞻性。唯有打破学科壁垒，实现"T"型人才的培养，才能赋予技术支撑团队驾驭复杂问题、应对多变局面的能力。

从实践经验来看，技术支撑团队成员应该拥有丰富的一线工作经历。科技成果转化是一项系统工程，涉及技术研发、生产工艺、市场营销等多个环节。团队成员只有深耕产业一线，积累实战经验，才能真正理解科技成果的转化规律，掌握技术支撑的方法和艺术。同时，资深的实践经验有助于团队成员快速建立起与企业、投资机构等利益相关方的互信关系，提升技术支撑工作的针对性和有效性。

（二）团队建设管理

专业、敬业、协作精神强的技术支撑团队，能够为成果转化提供坚实的人才基础和智力支持。因此，在组建技术支撑团队时，需要从角色定位、人员选拔、培训机制、激励方式等多个维度入手，系统设计团队管理策略。

1. 明确团队成员的角色定位

在技术支撑团队中，成员分工各异，如技术专家、项目经理、业务骨干等。管理者应根据成果转化的需求，细化每个角色的职责范围、任务目标和绩效标准，使其各司其职、各尽其能。同时，管理者还要协调处理好不同角色之间的关系，营造互信互助的团队氛围。

2. 严格的人员选拔

技术支撑工作对专业能力要求较高，因此在人才引进时要重点考查候选人的知识结构、专业技能、实践经验等。除了"硬实力"，创新意识、责任心、团队意识等"软素质"也不可或缺。通过科学的选才机制，优中选优，为团队注入新鲜血液。

3. 系统的培训机制

技术领域日新月异，支撑团队必须与时俱进。管理者应根据转化项目的需要，有针对性地开展业务培训和技能训练，帮助成员掌握前沿知识，提高实践能力。除此之外，还要增加团队凝聚力培训，增强成员的向心力和归属感。

4. 灵活的激励方式

物质激励如薪酬福利固然重要，但更要注重精神激励。对于工作表现突出者，可以通过表彰大会、荣誉称号等方式，给予精神鼓励，以充分肯定其贡献。同时，还要创新激励模式，如提供培训进修、职称评定等发展机会，满足团队成员个性化、差异化的需求。

5. 领导力的培养

一名优秀的领导者，能够凝聚人心，激发斗志，带领团队攻坚克难。管理者要着力培养团队"领头羊"，赋予其一定的自主权，调动其主观能动性。同时，领导者还要具备全局视野和外交能力，善于在成果转化各方主体间开展沟通协调。

六、技术支撑服务的优化

（一）服务流程优化的原则

1. 以服务对象的需求为导向

技术支撑服务的根本目的是满足科技成果转化各环节对技术支持的需要，因此必须深入了解服务对象在不同阶段的实际需求，有针对性地设计和优化服务流程，提供个性化、精准化的服务。服务提供方应主动与科研机构、企业等服务对象沟通交流，及时掌握他们在成果转化过程中遇到的技术难题和服务需求，进而动态调整优化服务流程。

2. 坚持问题导向和目标导向相结合

问题导向是聚焦服务流程中存在的薄弱环节和障碍因素，找准制约服务效率和质量提高的关键问题，并采取针对性措施加以改进。例如，传统的技术支撑服务流程往往存在环节冗余、衔接不畅、响应不及时等问题，优化时就要重点关注流程的简化优化、环节的无缝对接、响应速度的提升等。而目标导向强调优化要以提高服务效率和质量为目标，合理设置优化方案的评估指标，确保优化成果能够有效支撑科技成果高效转化。

3. 遵循系统思维和全局视角

技术支撑服务流程是一个复杂的系统，涉及政策、资金、人才、信息等要素，内部环节错综复杂，与外部环境也密切相关。因此，优化不能就服务流程孤立地看，而应将其置于科技成果转化的大系统中审视，统筹考虑与其他系统和要素的关联影响，加强优化的系统性、整体性。同时，还应站在全局的高度，兼顾服务流程优化的近期目标和长远目标，在局部优化和整体优化、当前利益和长远利益之间做好平衡。

4. 坚持开放理念和协同思路

现代科技创新呈现出开放、协同、融合的新特征，单个机构和团队往往难以独立应对科技成果转化中的复杂技术问题。因此，优化技术支撑服务流程，应打破机构边界和学科边界，主动对接和链接高校、科研院所、企业等创新主体的优质资源，促进跨主体、跨学科、跨领域的协同服务。通过构建开放协同的服务网络，汇聚各方力量形成合力，从而全面提升服务的广度、深度和精度。

5. 注重实效性和可持续性

服务流程优化是一个持续改进的过程。因此，在优化过程中，要建立健全流程绩效评估制度，定期评估优化成效，根据评估结果再优化，形成"改进—评估—再改进"的动态优化机制。同时，设计优化方案时，要考虑各项措施的可操作性，确保优化成果能够落地见效、持续推进。

（二）提高服务质量的方法

技术支撑服务的质量直接影响科技成果就地转化的效率和效果。为了提高服务质量，需要从多个维度入手，采取系统化的优化措施。

1. 建立完善的服务质量评估体系

通过科学设计评估指标，全面考查服务的及时性、准确性、针对性等要素，为质量提高提供依据和方向。同时，要重视服务对象的反馈意见，将其作为评估和改进的重要参考。定期开展满意度调查，积极听取科研人员、企业等主体的意见和建议，以问题为导向持续优化服务。

2. 加强对服务人员的专业化培训

技术支撑工作涉及多个学科领域，对从业人员的综合素质提出了较高要求。因此，要建立常态化的培训机制，有针对性地提升服务人员的专业知识和实践能力。通过专题讲座、案例分析、实操演练等多种形式，使服务人员全面掌握技术转移转化、知识产权保护、创新创业指导等方面的理论知识和实务技能，不断拓宽专业视野，提升服务水平。同时，还应加强服务意识和职业素养教育，培养爱岗敬业、诚实守信的职业操守，树立"用户至上"的服务理念。

3. 优化服务流程和方法

传统的技术支撑服务往往存在流程烦琐、效率低下等问题，难以满足科技成果转化的时效性要求。因此，要积极借鉴先进经验，运用流程再造、精益管理等理念，对服务流程进行系统梳理和优化，减少不必要的中间环节，提高服务效率。同时，要创新服务方式和手段，充分利用大数据、人工智能等新兴技术，为服务对象提供个性化、精准化的智能服务，降低服务成本，提升服务体验。

4. 健全的质量监督和反馈机制

要建立专门的质量监管部门，明确监督职责和考核标准，对服务全过程进行动态监测和评价，及时发现和纠正服务质量问题。对于服务对象的投诉和反馈，要高度重视，建立快速响应和处理机制，第一时间了解情况，分析原因，制定整改措施，切实维护服务对象的合法权益。同时，要总结服务优秀案例和经验教训，形成可复制、可推广的最佳实践，为质量提高提供持续动力。

第二节　关键技术的研发与应用

一、关键技术的趋势分析与筛选

（一）技术趋势分析

技术趋势分析是一个动态且复杂的过程，它需要研究人员广泛收集市场信息、技术信息，深入把握技术发展脉络与市场需求动向，从而预测未来的关键技术领域。这一过程不仅涉及大量的信息搜集与整理，更需要研究人员具备敏锐的洞察力和深厚的专业素养。

通过对市场需求的分析，研究人员能够判断哪些技术领域最有可能成为未来的增长点。随着社会的不断进步和人们生活方式的改变，许多新的市场需求不断涌现。这些需求往往蕴含着技术创新的机遇，代表着未来技术发展的方向。因此，深入研究市场需求动向，捕捉其中的创新机会，是技术趋势分析的重要内容。同时，对现有技术的发展态势进行跟踪和预判也至关重要。通过梳理不同技术领域的最新进展，分析其演进规律和发展趋势，可以初步判断哪些技术最有可能取得突破性进展，在未来占据主导地位。

技术趋势分析时，需要考虑更广泛的社会、经济、文化等因素的影响。技术的发展从来不是孤立的，而是与社会发展紧密相连。经济全球化、人口老龄化、环境问题等一系列社会发展趋势都会对技术创新产生深远影响。把握这些宏观趋势，分析其与技术发展的内在联系，能够更加全面、准确地预测未来的关键技术。

（二）需求导向筛选

在科技成果就地转化过程中，准确识别和选择关键技术有利于提高转化效率、实现预期目标。需求导向筛选强调以市场需求为导向，根据产业发展趋势和现实需要确定关键技术的研发方向和重点。这一方法有助于集中优势资源，聚焦关键领域，推动科技成果与产业需求的精准对接。

需求导向筛选的实施需要建立在全面调研和深入分析的基础之上。一方面，研发团队要充分了解行业发展现状，准确把握技术趋势和市场动态。这需要通过实地考察、专家访谈、数据分析等多种形式，全面收集相关信息，形成对产业需求的客观认知；另一方面，研发团队要具备前瞻性思维和战略眼光，能够预判未来一段时期内产业发展的重点方向和关键领域。

在实施需求导向筛选时，应当坚持问题导向和目标导向相统一。一方面，要聚焦产业发展中的突出矛盾和现实挑战，重点盯住当前制约产业转型升级的"卡脖子"技术。只有破除制约产业发展的技术瓶颈，才能为科技成果转化应用扫清障碍，激发创新活力；另一方面，研发团队要树立远大目标、描绘宏伟蓝图，引领关键技术研发为产业长远发展提供有力支撑。科技创新不能止步于解决眼前问题，更要为产业持续健康发展积蓄力量、筑牢根基。

需求导向筛选应重视产学研用协同创新机制的构建。产业需求是关键技术研发的重要牵引，高校、科研院所、领军企业等创新主体则是关键技术突破的中坚力量。只有发挥各方优势、形成合力，才能加快关键核心技术攻关，促进科技成果就地转化。因此，要搭建产学研用交流合作平台，畅通需求对接渠道，推动关键技术研发与产业需求深度融合。同时，还要完善利益共享机制，充分调动各方积极性，形成科技创新合力。

需求导向筛选要坚持开放合作理念。关键技术研发不是单打独斗、自我封闭的过程，而是需要广泛汇聚全社会力量、主动融入全球创新网络的开放式创新。因此，要加强关键技术领域的开放合作，积极引进消化吸收先进技术，提升自主创新能力。同时，还要主动融入全球产业链、价值链，探索与国际先进技术对接的有效途径，在更大范围、更高层次、更深程度上谋求关键技术突破。

二、关键技术的研发流程与方法

（一）创新型研发流程设计

传统的研发流程往往存在着线性思维、部门壁垒、信息孤岛等问题，难以适应当前复杂多变的市场环境和技术挑战。因此，构建灵活高效的研发流程模型已成为科技创新的迫切需求。

科学合理的创新型研发流程应具备以下特点：第一，它强调以市场需求为导向，密切关注产业发展趋势和用户痛点，从源头上保证研发方向的正确性和前瞻性；第二，它突破了传统的部门界限，促进跨部门、跨专业的协同创新，充分发挥集体智慧；第三，它将实验室研究与现场应用紧密结合，加速技术成果的转化落地；第四，它注重研发过程的动态优化和持续改进，不断提高研发效率和质量。

在具体实践中，构建创新型研发流程需要遵循以下原则：一是坚持需求牵引原则，以市场需求为出发点和落脚点，开展目标导向的技术攻关；二是坚持协同创新原则，打破部门藩篱，促进资源共享和优势互补；三是坚持快速迭代原则，通过小步快跑、快速迭代缩短研发周期；四是坚持开放共享原则，加强与产学研用各方的深度合作，促进技术、人才、信息等创新要素的双向流动。

基于上述特点和原则，一个典型的创新型研发流程模型可以概括为"需求分析—概念设计—方案论证—快速原型—测试优化—成果转化"六个环节。在需求分析阶段，研发团队深入一线调研，全面了解用户需求和行业痛点；在概念设计阶段，跨部门团队通过头脑风暴等方式集思广益，提出创新解决方案；在方案论证阶段，通过可行性分析和技术评估确定最优方案；在快速原型阶段，研发人员利用3D打印、虚拟仿真等手段快速制作产品原型，并与用户共同评审；在测试优化阶段，研发团队与生产、销售等部门密切配合，在真实应用环境中测试并持续改进产品；在成果转化阶段，企业加强与高校、科研院所的产学研合作，加速科技成果的就地转化和规模化应用。

（二）先进研发方法的应用

面对日益激烈的市场竞争和不断变化的技术需求，企业必须不断优化研发流程，创新研发方法，才能在短时间内推出高质量的新产品，赢得市场先机。计算机辅助设计（CAD）、计算机辅助工程（CAE）、计算机辅助制造（CAM）等现代工程技术的应用，为企业研发效率的提高提供了有力支撑。

CAD技术能够帮助设计人员快速构建产品模型，通过三维可视化的方式直观呈现设计方案，缩短了设计周期。利用CAD软件，设计人员可以方便地进行参数化建模、装配、工程图制作等工作，实现设计过程的自动化和标准化。同时，CAD还支持多人协同设计，不同专业的设计人员可以基于统一的数据平台开展工作，提高设计效率和质量。

CAE技术通过计算机模拟和仿真，能够在产品研发的早期阶段对设计方案进行性能分析和优化。利用有限元分析、流体力学分析、多物理场耦合分析等手段，CAE能够预测产品在实际工作环境下的性能表现，发现潜在的问题并进行改进。这种"前置"的分析和优化，可以减少物理样机的制作和试验次数，缩短研发周期，降低研发成本。

CAM技术则致力于将设计方案快速、准确地转化为制造工艺，指导数控加工设备进行生产。通过CAM软件，工艺人员可以自动生成刀具路线、优化切削参数、模拟加工过程，确保产品的制造质量和效率。CAM与数控设备的无缝对接，实现了设计与制造的一体化，加快了新产品的投产速度。

产品数据管理（PDM）、产品生命周期管理（PLM）等信息化工具和平台在研发过程中发挥着重要作用。PDM系统能够集中管理产品数据和文档，支持数据的版本控制、变更管理和权限管理，确保研发团队能够及时获取准确、一致的信息。PLM平台则以产品全生命周期为视角，将企业内部的研发、制造、销售、服务等部门紧密联系起来，实现数据和流程的贯通，优化资源配置，缩短产品上市时间。

三、关键技术的应用场景

（一）产业应用探析

不同产业领域对关键技术有不同的需求和应用潜力，深入分析其差异化特征，有助于精准对接技术供给与产业需求，推动关键技术在更广阔的领域释放创新活力和经济效益。

制造业、能源业、交通业等传统产业普遍面临着转型升级和绿色发展的迫切需求。这为新材料、智能制造、清洁能源等前沿技术提供了广阔的应用空间。例如，高强度轻质合金、超高纯稀土材料、特种工程塑料等新型材料在汽车、航空航天等领域具有显著的应用优势，能够有效提升产品性能、降低能耗排放。智能制造技术如机器人、3D打印、人工智能等，则可以显著提高生产效率和产品质量，推动制造业向柔性化、个性化、服务化方向发展。清洁能源技术如光伏发电、风力发电、氢能利用等，能够助力能源结构优化和污染治理，实现能源开发与生态保护的平衡。由此可见，传统产业领域蕴藏着关键技术应用的巨大潜力，通过技术赋能和产业融合，有望焕发新的生机与活力。

在新兴产业领域，关键技术更是发展的核心驱动力。例如，信息产业中，云计算、大数据、区块链等技术不断突破，催生出移动互联网、物联网、工业互联网等新业态新模式，深刻改变了经济社会运行方式。在生物医药领域，基因测序、干细胞、免疫治疗等技术的进步，推动了精准医疗、再生医学等新兴方向的崛起，有望攻克癌症、阿尔茨海默病等人类重大疾病。在现代服务业领域，人工智能、虚拟现实、5G通信等技术的应用，极大拓展了教育、医疗、文娱等行业的发展边界，催生出在线教育、远程医疗、沉浸式体验等新业态，带来服务模式和消费体验的创新性变化。由此可见，关键技术在新兴产业中扮演着不可或缺的引擎作用，引领产业创新发展和经济增长的新方向。

（二）场景定制开发

在科技成果转化过程中，不同的应用场景对关键技术有差异化的需求。只有深入分析具体场景的特点，有针对性地开发和优化关键技术，才能真正发挥技术的应用价值，推动科技成果的有效转化。

1. 深入调研应用场景，全面了解用户需求和应用环境

只有对场景有了全面、准确的把握，才能明确技术开发的方向和重点。例如，在工业生产领域，关键技术需要适应复杂多变的生产环境，满足高效、精准、稳定的要求；在消费品领域，关键技术则侧重于用户体验的提升，如便捷性、个性化等。因此，技术开发团队需要与场景使用方密切沟通，深入一线进行需求挖掘和环境调研，为后续的定制开发提供可靠依据。

2. 注重关键技术的适配性优化

一项关键技术要在具体场景中发挥作用，必须与场景的硬件环境、数据体系、业务流程等深度融合。这就要求技术开发者具备跨领域的系统思维和集成创新能力，能够从全局视角审视技术与场景的适配问题，并进行针对性的优化设计。例如，开发面向特定行业的工业控制系统，需要综合考虑设备接口、通信协议、控制算法等多个因素，让关键技术能够无缝嵌入既有的工业生产体系之中。

3. 重视技术的易用性和可维护性

再先进、完备的关键技术，如果缺乏可用性，也难以在实际场景中推广应用。因此，定制开发必须以终端使用者的实际需求和能力为导向，在功能完备的同时，提供简洁易懂的操作界面和使用流程，降低技术的使用门槛。同时，还要充分考虑技术的可维护性，提供完善的技术支持和升级服务，确保技术能够在场景中长期稳定运行。只有做到易学易用、稳定可靠，才能确保关键技术在特定场景中发挥最大效用。

4. 注重技术的持续迭代优化

任何应用场景都不是一成不变的，随着外部环境和内部需求的变化，关键技术必须随之改变。因此，技术团队与场景使用方要保持长期、紧密的互动，及时获取反馈信息，持续跟踪场景发展的新趋势、新要求，并据此对技术进行迭代优化。唯有把技术迭代作为一项常态化工作，才能让关键技术始终紧跟场景需求，持续发挥应有的价值。

四、关键技术的知识产权保护

(一) 知识产权的申请和登记

从法律层面来看,知识产权申请和登记是创新成果权属界定的重要途径。通过申请专利、注册商标、登记版权等方式,创新主体可以获得法律赋予的排他性权利,防止他人擅自使用或侵犯其研发成果。这种排他性权利不仅为创新主体提供了有力的法律保障,也为其后续的技术转移、商业化应用奠定了基础。只有拥有明晰的知识产权,创新主体才能放心地对外公开技术细节,吸引潜在的合作伙伴或投资者,推动科技成果的产业化进程。

从经济利益角度来看,知识产权申请和登记是实现创新价值的前提。研发成果只有通过知识产权的确权,才能真正成为可交易、可运营的无形资产。创新主体可以通过知识产权许可、转让等方式获得经济回报,收回前期的研发投入,为后续创新提供资金支持。同时,知识产权是企业核心竞争力的重要组成部分。拥有自主知识产权的企业更容易在市场竞争中脱颖而出,赢得消费者的信赖和青睐。因此,注重知识产权申请和登记,对提升企业的创新能力和市场竞争力具有重要意义。

从创新文化角度来看,知识产权申请和登记是营造鼓励创新氛围的重要举措。当创新主体意识到自己的研发成果能够得到有效保护,并通过知识产权获得应有的回报时,就会更加积极主动地投身创新实践。反之,如果创新成果频频遭到侵权,得不到应有的尊重和保护,创新主体的积极性就会受到严重打击,整个社会的创新动力也会逐渐衰减。因此,大力倡导和推动知识产权申请和登记,是培育创新文化,激发全社会创新热情的重要手段。

(二) 知识产权的维护与执行

在关键技术研发过程中,研发团队需要高度重视知识产权的维护与执行工作,采取有效措施防范侵权行为,维护自身的技术优势和合法权益。

首先,研发团队应当增强知识产权保护意识,将其贯穿研发活动的全过程。在关键技术立项之初,就应进行知识产权检索和分析,了解所在技术领域的专利布局情况,明确技术创新点,规避侵权风险。同时,研发过程中产生的新技术、新方法、新工艺等,应及时申请专利或进行其他形式的知识产权保护,如著作权登记、商业秘密保护等。尤其对于具有重大商业价值和应用前景的核心技术，更要做好全方位、多层次的知识产权保护。

研发团队需要建立健全知识产权管理制度，明确知识产权归属、奖励、保密等规定。通过制度化管理，形成人人重视知识产权的良好氛围，提升团队成员的保护意识和责任感。同时，还应加强对研发人员的知识产权培训，帮助其掌握必要的专利申请、商标注册、著作权登记等实务技能。必要时，可以引入专业的知识产权服务机构，为关键技术研发提供全流程、专业化的知识产权支持。

面对侵权行为，研发团队要敢于运用法律武器维护自身合法权益。一旦发现竞争对手或其他主体侵犯了知识产权，要及时取证，并通过行政投诉、司法诉讼等途径追究侵权方的法律责任。必要时，还可以寻求行业协会、相关主管部门的支持和协助。只有形成侵权必究的高压态势，才能有效遏制侵权行为，维护创新者的积极性。

研发团队应加强与产业链上下游企业的战略合作，通过专利池、知识产权联盟等方式，构建知识产权共享机制。通过联合布局、交叉许可等方式，各方可以实现优势互补、资源共享，有效降低知识产权风险，提升自身的市场竞争力。同时，这种合作模式还有利于加快关键技术的产业化应用，推动科技成果就地转化。

五、关键技术的市场推广策略

（一）市场定位与品牌建设

在科技成果就地转化的过程中，准确把握目标市场的需求特点，选择合适的细分市场和目标客户群体，是提高关键技术商业化成功率的前提。一方面，企业需要立足自身的技术优势和资源禀赋，选择能够充分发挥其竞争力的市场领域；另一方面，企业需要深入分析目标市场的竞争态势、消费趋势等因素，找准市场切入点和差异化定位。只有在"技术推动"和"市场拉动"的双重作用下，才能实现关键技术的最优配置和最大化价值创造。

品牌建设是将技术优势转化为市场号召力和忠诚度的载体。对于掌握关键技术的企业而言，塑造鲜明的技术品牌形象，提升品牌知名度和美誉度，是巩固市场地位、拓展市场空间的有效途径。因此，企业在技术研发的同时，要高度重视品牌战略的制定和执行。一方面，企业要围绕核心技术构建独特的品牌内涵和价值主张，通过品牌故事、品牌理念等方式提高品牌辨识度和吸引力；另一方面，企业需要综合运用广告宣传、公关活动、用户体验等手段，多渠道、多方位地传播品牌信息，扩大品牌影响力。只有形成良好的品牌认知和美誉度，才能为关键技术的产业化应用创造更为有利的条件。

在推动关键技术就地转化的过程中，需要注重市场定位与品牌建设的有机结合和良性互动。一方面，准确的市场定位能够为品牌建设提供清晰的方向和目标，使品牌个性与目标客户群体的需求特点相契合；另一方面，成功的品牌建设能够为关键技术的市场推广赋能，提升其市场渗透力和客户黏性。二者相辅相成、相互促进，共同构筑起关键技术商业化应用的坚实基础。

(二) 渠道开发与销售策略

企业需要构建多元化、立体化的销售渠道网络，实现对目标市场的全面覆盖。这就要求企业在传统渠道的基础上，积极探索电商平台、社交媒体等新兴渠道的开发与利用。通过线上线下渠道的有机结合，企业能够更加精准、高效地触达潜在客户，扩大关键技术的市场影响力。同时，企业还应重视渠道合作伙伴的选择和管理，与优质经销商、供应商建立战略合作关系，借助其资源和能力拓展市场空间。

科学制定销售策略是提升关键技术市场竞争力的重要举措。企业应深入分析目标市场的特点和需求，针对不同细分市场制定差异化的销售策略。例如，针对高端市场，可以强调关键技术的独特性能和创新价值，采取高端定价策略；而针对大众市场，可以凸显关键技术的性价比优势，采取渗透定价策略。同时，销售策略还应与整体营销战略相协调，通过广告宣传、公关活动、促销优惠等营销手段，塑造关键技术的品牌形象，提升市场认知度和美誉度。

大数据技术的应用给关键技术营销带来了新的机遇。企业可以通过收集和分析海量的用户数据，深入洞察用户行为特征和偏好，实现精准营销和个性化服务。利用大数据技术，企业能够实时监测市场动态，优化营销决策，提高营销投入的针对性和有效性。数字化营销工具的运用，如搜索引擎优化、社交媒体营销等，也为关键技术的推广和销售提供了新的渠道和手段。企业应积极顺应数字化趋势，借助先进技术手段增强关键技术的营销效果。

第三节　技术创新的推动作用

一、技术创新的特征与分类

（一）技术创新的特征

1. 可持续性

可持续的技术创新源自持续不断的研发投入和创新动力，它要求企业建立完善的创新机制，营造鼓励创新的文化氛围，激发员工的创造潜能。只有源源不断地产生新的创意和突破，技术创新才能保持旺盛的生命力，推动企业长期健康发展。

2. 颠覆性

颠覆性创新是指那些能够从根本上改变传统产业格局、重塑商业模式的创新技术。这类创新通常具有跨越式的技术进步和巨大的应用潜力，一旦成功实现产业化，就能够彻底颠覆既有市场秩序，带来新一轮的增长浪潮。企业要敏锐洞察消费需求变化和科技发展趋势，前瞻性地布局颠覆性技术，才能在未来的竞争中抢占先机。

3. 系统性

当今时代，各种技术之间的融合趋势日益增强，单一技术的突破已经难以支撑企业的可持续发展。系统性创新强调技术之间的协同配合，通过系统集成和优化，充分发挥各项技术的最大效用。系统性创新要求企业具备跨学科、跨领域的技术整合能力，善于将不同技术优势"混搭"出创新的解决方案。

（二）技术创新的分类

1. 增量创新

增量创新是指在现有技术基础上进行渐进式的改进和完善，通过不断优化产品性能、工艺流程等，实现技术水平的逐步提升。增量创新虽然不会带来根本性的技术改变，但它能够持续提高生产效率、降低成本，满足市场需求的变化。增量创新对企业的日常运营和市场竞争力维持至关重要，是技术进步的基础。

2. 跳跃式创新

跳跃式创新代表了一种颠覆性的技术突破，它突破了现有技术的局限，开辟了全新的发展方向。跳跃式创新通常源于科学发现或关键技术的重大突破，能够从根本上改变传统的生产方式和商业模式，引领产业发展的方向。蒸汽机、电力、互联网等技术的出现曾掀起了跳跃式创新的浪潮，极大地推动了人类社会的进步。对于企业而言，成功实现跳跃式创新意味着获得了领先的市场地位和巨大的发展空间。然而，跳跃式创新往往需要企业投入大量的研发资源，承担较高的风险和不确定性，因此具有较高的难度和挑战性。

增量创新和跳跃式创新并非完全对立的概念，而是相辅相成、互为补充的。没有持续的增量创新作为基础，跳跃式创新就难以实现。而没有跳跃式创新的引领，增量创新的空间也将受到限制。因此，企业在制定创新战略时，既要重视增量创新，不断优化现有技术和产品，也要积极布局颠覆式技术，争取在关键领域取得突破。要实现持续的技术创新，企业还需要营造良好的创新生态，包括构建高效的研发体系、培育创新人才、加强产学研合作等，为不同类型的创新提供有力支撑。

二、技术创新对产业升级的影响

（一）促进产业结构优化升级

技术创新是推动产业结构优化升级、实现新旧动能转换的关键驱动力。在现代经济发展进程中，技术创新不仅能提高生产效率、降低生产成本，还能催生新的产业形态，为经济发展注入新的活力。

从宏观层面来看，技术创新能够引领产业结构调整，推动经济从高投入、高消耗、高污染的粗放型增长模式向高技术、高效益、低污染的集约型增长模式转变。具体而言，通过创新，传统产业可以实现设备更新换代、工艺流程优化、管理模式变革等，从而提升产品附加值，改善资源配置效率，最终实现转型升级。同时，技术创新还能孕育新兴产业，形成新的经济增长点。人工智能、大数据、云计算、物联网等新兴技术不断涌现，催生了智能制造、数字经济、共享经济等新业态新模式。这些新兴产业不仅带动了相关领域的技术进步，更成为引领经济社会发展的重要力量。

从微观层面来看，技术创新是企业实现转型升级、提升核心竞争力的必由之路。面对日趋激烈的市场竞争，企业要想立于不败之地，就必须通过技术创新来优化产品结构、改善生产工艺、创新商业模式。一方面，技术创新能够帮助企业突破资源环境约束，提高资源利用效率，降低生产运营成本；另一方面，技术创新能够帮助企业开发新产品、拓展新市场、培育新的利润增长点。

（二）提升产业链价值

随着科技的飞速发展，各行各业都面临着转型升级的迫切需求。只有不断推动技术创新，优化产品与服务，才能在激烈的市场竞争中占据有利地位。技术创新不仅能够提高产品的性能和质量，还能为产品和服务赋予独特的价值，满足消费者日益多元化、个性化的需求。

技术创新能够全面渗透和改造各个环节。在研发设计阶段，新技术的应用能够加速产品的迭代更新，缩短开发周期，降低试错成本；在生产制造环节，先进的工艺流程和智能化设备能够提高生产效率，保证产品品质的稳定性；在销售和服务环节，大数据、云计算、人工智能等新兴技术的运用，能够精准把握消费者需求，实现销售渠道的多元化，提供个性化、智能化的服务体验。

促进技术创新，需要构建"产学研用"协同创新的生态体系。企业要成为技术创新的主体，加大研发投入，加强与高校、科研院所的产学研合作。高校和科研机构要聚焦产业发展需求，加快科技成果的转化应用。金融机构要创新投融资模式，为科技型企业成长提供资金支持。只有各方协同发力，形成合力，才能不断催生新技术、新产业、新业态，推动经济高质量发展。

（三）推动传统产业转型

传统产业转型升级是经济高质量发展的内在要求，也是技术创新驱动经济增长的必然结果。以信息技术、生物技术、新材料技术、新能源技术为代表的高新技术不断取得突破，为传统产业注入了新的活力。创新技术与传统产业的深度融合，推动了生产方式、组织方式和商业模式的根本性改变，催生出一系列新产品、新业态、新模式，重塑了产业价值链和竞争格局。

技术创新为传统产业转型升级提供了强大动力。面对日益激烈的市场竞争和不断变化的消费需求，传统产业亟须利用新技术来提升传统工艺流程，优化资源配置，提高生产效率和产品质量。通过技术创新驱动，传统产业能够突破资源环境约束，实现降本增效，提升产品附加值和市场竞争力。同时，技术创新还能帮助传统产业向智能化、绿色化、服务化方向转型，培育新的经济增长点。

传统产业转型升级为技术创新提供了广阔舞台。传统产业不仅是技术创新的"试验田"，更是新技术、新产品的重要应用领域。在传统产业转型升级过程中，对先进技术装备、关键基础材料、高端产品的巨大需求为科技创新提供了持续动力和广阔市场。产业转型和技术创新相互促进、良性互动，共同推动经济迈向中高端。"互联网＋"行动计划的实施，推动移动互联网、云计算、大数据、物联网等现代信息技术与传统产业加速融合，催生出智能制造、个性化定制、网络协同制造等新模式新业态，重塑了汽车、家电、纺织、钢铁等传统制造业的发展路线。

三、技术创新在企业中的应用

（一）企业技术创新的推进策略

1. 内部研发

内部研发是企业技术创新的核心驱动力，它以企业自身的人才、资金、设备等资源为基础，通过持续不断的探索和试验，开发出新技术、新产品，形成企业的核心竞争力。内部研发不仅能提升企业的技术水平，还能培养一支高素质的创新型人才队伍，为企业的可持续发展提供人力资本保障。同时，内部研发还能够增强企业的自主创新能力，减少对外部技术的依赖，提高企业应对市场变化的敏捷性和灵活性。

2. 外部协同

通过与高校、科研院所、其他企业等开展多种形式的合作，企业能够借助外部力量，弥补自身在技术、人才、信息等方面的不足，加速创新成果的产生和转化。外部协同不仅能够降低企业的创新成本和风险，还能够帮助企业开拓新的市场领域，实现优势互补和资源共享。

内部研发与外部协同并非相互独立、割裂的两种策略，而是需要在企业技术创新的实践中有机结合、相互促进。一方面，扎实的内部研发能力是企业开展外部协同的基础，只有具备一定的技术积累和创新实力，企业才能在与外部机构的合作中占据主动，获取更多的利益；另一方面，外部协同为内部研发提供了更广阔的平台和更丰富的资源，能够有效拓展内部研发的广度和深度，提高研发效率和成果质量。因此，企业要根据自身的行业特点、发展阶段、资源禀赋等，合理配置内部研发与外部协同的比重，形成"内外兼修"的技术创新策略。企业要建立健全技术创新管理体系，明确内部研发与外部协同的定位和机制，加强内外部的沟通协调，确保各项创新活动朝着企业发展战略的方向协同推进。

（二）创新成果的商业化途径

创新成果的商业化途径可以实现科技成果的就地转化。从实验室到市场的转化流程需要科研人员、企业等多方主体的协同努力。

科研人员要树立商业化意识，在研发阶段就考虑市场需求和应用前景，及时调整研究方向和技术路线。同时，科研机构应建立健全成果转化激励机制，鼓励科研人员积极参与商业化进程。

企业要发挥主体作用，加强与科研机构的对接，及时了解科研进展，评估创新成果的商业价值。企业可以通过技术入股、委托开发、联合研发等多种方式，与科研机构建立紧密的合作关系。在成果转化过程中，企业要充分发挥自身在生产、销售、管理等方面的优势，加快创新成果的产业化和规模化应用。

创新成果商业化需要市场化的专业服务体系作为支撑。技术经纪人、创业导师、投资机构等市场化主体，可以为科研人员提供全链条、专业化的服务，帮助其解决在技术评估、知识产权、市场开拓等方面遇到的困难和问题。同时，创新人才培养不容忽视，要注重培养一批既懂技术，又懂市场的复合型人才，为创新成果商业化提供智力支持。

四、技术创新的管理与组织模式

（一）管理模式的转变

传统的自上而下的创新管理模式，虽然能够在一定程度上保证创新活动的有序开展，但也存在诸多局限。这种管理模式往往缺乏灵活性和包容性，难以充分调动员工的主动性和创造性。在快速变化的市场环境中，企业要想保持持续的创新活力，就必须突破传统管理思维的桎梏，探索自下而上的创新管理新模式。

自下而上的创新管理强调以人为本，注重发挥员工的主体作用。在这种管理模式下，企业鼓励员工自主提出创新想法，积极参与创新实践。管理者不再是高高在上的"裁判官"，而是员工创新活动的"引导者"和"协调者"。管理者通过营造宽松、包容的组织氛围，搭建开放、互动的创新平台，为员工的创新提供必要的资源和支持。同时，管理者还要善于倾听员工的声音，重视员工的反馈和建议，及时调整管理策略，以更好地服务于创新实践。

自下而上的创新管理有利于激发组织的创新活力。当员工感受到自己的创新主体地位得到尊重，创新贡献受到认可时，会产生强烈的荣誉感和使命感，主动投身于创新活动中。这种由内而外的创新动力，远比外部压力和物质奖励更加持久、更加强劲。同时，自下而上的创新管理还能促进不同层级、不同部门员工之间的交流与协作，打破组织内部的信息壁垒和利益藩篱。员工通过平等、充分的对话，相互启发，碰撞出创新的火花。

推行自下而上的创新管理并非易事，它对管理者的素质和能力提出了更高要求。管理者不仅要具备开放、包容的思想，还要掌握有效的沟通、协调技巧，善于平衡创新与风险、自主与规范的关系。因此，管理者需要不断学习，与时俱进，提升管理艺术和领导力。只有这样，才能真正营造出富有活力、充满创新的组织氛围，激发员工的创造潜能。

（二）组织模式的创新

面对新时代的机遇与挑战，企业必须突破传统的组织边界，重构内外部资源配置方式，构建扁平化、灵活化、网络化的组织形态。

1. 平台化组织模式

平台化组织模式打破了传统的部门界限和层级壁垒，通过搭建开放、共享的创新平台，整合内外部创新资源，促进跨部门、跨领域的协同创新。在平台化组织中，员工不再局限于固定的岗位和职责，而是根据项目需求和个人专长动态组合，形成灵活多变的创新团队。这种模式有利于激发员工的创造力和主动性，提高组织的应变能力和创新效率。

2. 网络化组织模式

网络化组织模式强调企业内外部创新主体的广泛连接和动态互动。它借助信息技术手段，构建起跨地域、跨组织的创新网络，实现知识、技术、人才等创新要素的高效流动和优化配置。在网络化组织中，企业不仅重视内部的协同创新，更注重与外部合作伙伴如高校、科研院所、行业协会等建立紧密的创新联盟。通过开放式创新，企业可以分享外部的优质资源和先进经验，加快新技术、新产品的研发速度，提高科技成果转化效率。

3. 项目化组织模式

项目化组织模式是以具体项目为导向，打破常规的职能部门界限，组建跨部门、跨专业的项目团队。在这种模式下，企业根据科技成果转化的关键环节和核心任务，灵活配置人力、物力、财力等资源，形成高度专注、高效协作的项目组织。项目团队成员来自不同部门和专业领域，互补性强，能够多角度、全方位地攻克科技成果转化中的重点难题。同时，项目化组织模式通过目标导向和绩效考核，增强团队成员的责任意识和使命感，激励其全身心投入科技成果转化中。

第四章　科技成果就地转化的模式与应用

第一节　企业主导型转化模式

一、企业主导型转化的定义与特征

（一）定义

企业主导型科技成果转化模式是指以企业为主体，将科技成果直接转化为产品或服务的过程。在这种模式下，企业根据市场需求和自身发展战略，主动寻求、吸纳和转化科技成果，实现技术创新和产业化。企业主导型转化模式具有明显的市场导向性和效率优先性，充分发挥了企业在资源配置、风险承担、市场开拓等方面的优势，是推动科技成果就地转化、实现产业升级的重要途径。

企业主导型科技成果转化的核心在于企业的主体地位和主导作用。在这个过程中，企业不再是被动的技术接受者，而是主动参与科技成果的选择、开发和应用。一方面，企业根据自身的技术需求和市场判断，有针对性地搜寻和引进科技成果；另一方面，企业充分调动内部资源，组织研发团队进行成果转化和产品开发，推动科技成果向现实生产力的转化。这种"市场拉动、企业主导"的转化模式，能够最大限度地契合市场需求，缩短科技成果到产品的转化周期，提高成果转化的针对性和实效性。

（二）特征

企业主导型科技成果转化模式以企业为主体，充分发挥企业在技术创新和市场开拓中的关键作用。这种模式以市场需求为导向，强调成果转化的效率和创新能力。企业凭借其敏锐的市场洞察力和快速的反应机制，能够准确把握技术发展趋势和用户需求变化，从而有针对性地开展研发活动，提高成果转化的精准度和实效性。同时，企业注重技术创新与商业模式创新的结合，不断优化资源配置，完善产业链布局，形成了独特的竞争优势。

在实施途径方面，企业主导型转化模式通常采取自主研发与技术引进并举的策略。一方面，企业重视内部研发能力建设，组建高水平的科研团队，投入大量资金用于关键技术攻关和前沿探索，力争在核心技术领域取得突破。另一方面，企业积极引进外部先进技术成果，通过技术转让、专利许可、合作开发等方式，快速获取所需要的技术，缩短研发周期，降低创新风险。在成果转化过程中，企业还注重资源的优化配置和流程再造，建立高效协同的运行机制，提高成果产业化的效率和质量。

企业主导型转化模式体现出开放协同、合作共赢的鲜明特点。面对日益复杂的技术挑战和激烈的市场竞争，单一企业的力量往往难以完全胜任。因此，企业积极寻求外部合作，与高校、科研院所、上下游企业等构建紧密的产学研用联盟，整合各方优势资源，实现优势互补和利益共享。通过跨界协同创新，企业不仅能够拓宽技术视野，吸收多元化的创新思想，还能分担研发成本和风险，加速成果转化进程。

二、企业主导型转化的实施途径

（一）自主研发与技术引进

1. 自主研发

企业要实现成果就地转化，离不开持续不断的自主创新。通过组建研发团队、建设实验室、投入资金等方式，企业可以围绕市场需求开展针对性研发，突破关键技术瓶颈，掌握核心自主知识产权。这不仅有助于形成企业的核心竞争力，也为后续产品开发奠定了坚实基础。

2. 技术引进

通过购买专利、引进设备、委托开发等方式，企业可以在较短时间内获得先进技术，快速响应市场需求。同时，引进的技术可以与企业原有的技术基础相结合，产生"1+1＞2"的协同效应。例如，国内不少制药企业通过引进国外先进药物分子，结合自身的制剂工艺优势，成功开发出具有自主知识产权的新药产品，实现了产业化发展。

自主研发与技术引进并非对立的关系，而是相辅相成、互为补充的。一方面，没有一定的自主研发能力作为基础，企业很难真正消化吸收引进的技术，更谈不上实现再创新；另一方面，单纯依靠自主研发，难免会陷入闭门造车的困境，无法紧跟技术发展的步伐。因此，企业在科技成果转化过程中，需要统筹考虑自身条件和外部环境，合理布局自主研发与技术引进。

（二）资源配置与管理

在企业主导型科技成果转化过程中，企业需要根据转化项目的特点和需求，合理调配人力、物力、财力等各类资源，建立科学的管理机制，以确保转化活动的有序开展。

1. 人力资源

企业应组建一支高素质的科技成果转化团队，包括研发人员、技术人员、市场营销人员等。这些人员不仅要具备专业的知识和技能，还要有开拓创新的精神和协同合作的意识。企业可以通过内部培养和外部引进相结合的方式，不断优化人才队伍结构，提升团队的整体实力。

2. 物力资源

企业要根据转化项目的实际需要，合理配置试验场地、仪器设备、原材料等资源，为研发和生产活动提供必要的硬件支持。同时，企业还要注重资源的优化组合和高效利用，避免出现闲置浪费的现象。通过引进先进技术和设备，改进生产工艺流程，企业可以提高资源利用效率，降低转化成本。

3. 财力资源

企业要制订合理的资金预算和使用计划，确保转化活动的资金需求得到满足。一方面，企业可以利用自有资金开展科技成果转化，通过加大研发投入，购置先进设备，引进高端人才等方式，增强自主创新能力；另一方面，企业可以通过申请国家资助、吸引风险投资、开展产学研合作等途径，拓宽融资渠道，获得外部资金支持。

4. 科学的管理机制

企业要根据转化项目的特点，制定完善的管理制度和流程，涵盖项目立项、过程管控、成果评估等环节。通过建立健全的质量管理体系，严格执行标准规范，企业可以有效控制转化过程中的风险和质量问题。同时，企业还要重视知识产权保护，完善专利申请和维权机制，切实维护自身合法权益。

5. 沟通协调和团队合作

科技成果转化是一项系统工程，涉及研发、生产、营销等多个部门和环节。只有加强部门间的沟通与协作，形成合力，才能实现高效的资源整合和优化配置。企业可以通过定期召开协调会、开展团建活动等方式，增进团队成员间的了解和信任，营造良好的协作氛围。

（三）合作共赢

企业与高校、科研院所等外部机构的合作，可以有效整合各方优势资源，实现优势互补，加速科技成果的产业化进程。

高校和科研院所拥有雄厚的科研实力和前沿技术，其研究成果具有广阔的应用前景。而企业掌握着市场信息和产业化经验，能够准确把握市场需求，推动科技成果的商业化运作。双方通过合作，可以实现技术与市场的无缝对接，加快科技成果向现实生产力转化的速度。

通过外部合作，企业可以分担科技成果转化过程中的风险和成本。科技成果的产业化往往需要大量的资金投入和长期的市场培育，单靠企业一己之力难以完成。与外部机构合作，可以共同承担研发费用和市场风险，降低企业的财务压力。同时，与外部机构合作还能够集聚各方的人才资源，组建跨领域、跨学科的研发团队，提高科技成果转化的效率和质量。

在外部合作的模式选择上，企业可以根据自身特点和项目需求，灵活采取多种方式。对于基础性强、风险高的项目，可以采取联合研发的模式，与高校、科研院所共同开展研究工作，分享研发成果；对于应用性强、市场前景广阔的项目，可以采取技术转让或者许可的方式，由企业购买或者租赁专利技术，独立进行后续的产业化开发。此外，企业还可以通过设立产学研用联盟、共建实验室等形式，与外部机构建立长期、稳定的合作关系，形成科技成果转化的战略联盟。

三、企业主导型转化的优势

企业主导型转化模式能够快速响应市场需求和强大的资源整合能力。面对日新月异的市场环境，企业能够敏锐地捕捉消费者需求的变化，迅速调整研发方向和生产计划，将科技成果及时转化为满足市场需求的产品和服务。这种市场导向的研发机制使企业能够紧跟技术前沿，抢占市场先机，赢得竞争优势。

与高校、科研院所相比，企业在资源配置上更加灵活高效。企业可以根据科技成果转化的需要，及时调动资金、人才、设备等各类资源，为成果产业化提供强有力的支持。同时，企业内部不同部门之间的协同配合更加顺畅，研发、生产、营销等环节能够形成合力，加速科技成果向现实生产力的转化。

企业主导型转化模式能够有效整合内外部创新资源。一方面，企业可以充分发挥自身在技术研发、工程化、规模化生产等方面的优势，推动科技成果的产业化应用；另一方面，企业可以通过与高校、科研院所建立产学研合作机制，吸纳外部的先进技术和高端人才，提升自身的创新能力。这种内外联动的创新模式能够实现优势互补、资源共享，促进科技成果的高效转化。

第二节 产学研合作型转化模式

一、产学研合作的基本概念

（一）定义与目的

产学研合作是科技成果就地转化的重要模式，它通过产业、高校、科研机构的紧密联系，实现科技成果的快速应用与产业化。本质上，产学研合作是一种多元主体参与、多种资源整合的协同创新活动。它的核心在于发挥各参与主体的优势，实现优势互补、资源共享、利益共赢。

从概念内涵来看，产学研合作强调产业界、高校、科研机构三方的紧密互动与深度融合。产业界作为技术需求方和市场主体，为合作提供了现实应用场景和产业化途径；高校作为人才培养和基础研究的摇篮，为合作提供了知识储备和创新源泉；科研机构作为应用研究和技术开发的中坚力量，为合作提供了关键技术和试验平台。三方通过组建产学研联盟、共建协同创新中心等形式，整合各自在人才、技术、资金、信息等方面的优势资源，开展全链条、全方位的合作，推动科技成果向现实生产力的转化。

从合作动机来看，产学研合作是多方利益交汇的结果。对于产业界而言，合作有助于获取前沿技术，提升自主创新能力，抢占市场先机；对于高校而言，合作有利于拓宽科研视野，检验理论成果，培养应用型人才；对于科研机构而言，合作有利于突破"象牙塔"，加速科技成果转化，实现社会价值。产学研各方基于自身发展需要，在合作中实现了优势互补和互利共赢。这种多元利益交织、良性互动的格局，为产学研合作提供了持久动力。

（二）重要性

产学研合作打通了科研机构、高校与企业之间的壁垒，构建一条将科学发现转化为生产力的快速通道。通过产学研合作，科研人员能够及时了解产业需求，聚焦解决生产实践中的关键科学问题。企业则能够利用科研机构的智力资源，提升自身的技术创新能力。这种互利共赢的合作模式，有效促进了科技成果的就地转化和产业化应用。

产学研合作为基础研究与应用开发搭建了桥梁。科研机构和高校往往侧重于基础性、前瞻性的研究工作，其研究成果具有原创性和引领性，但距离产业化应用尚有一定距离。而企业更加关注技术创新的实用性和经济效益，希望通过新技术、新产品的开发获得竞争优势。产学研合作能够将这两类创新活动有机结合起来，促进科学原理向工程化技术的转化，加速科研成果的产业化进程。同时，企业在合作中提出的现实需求，为科研机构和高校的知识创新指明了方向，使其研究工作更加贴近生产实践。

产学研合作为高校学生提供了理论联系实际的机会。通过参与合作项目，学生能够将所学知识运用到实际问题的解决中，加深对理论知识的理解和掌握。同时，在项目研发过程中，学生能够接触到最前沿的科技发展动态，了解行业发展趋势，积累宝贵的实践经验。这种产教融合的人才培养模式，有利于培养学生的创新意识和实践能力，提高其就业竞争力。对于企业而言，产学研合作是发掘和培育优秀人才的重要渠道。通过与高校的长期合作，企业能够及早发现和选拔优秀学生，为自身发展储备人才资源。

产学研合作有利于优化科技资源配置，实现资源的共享与互补。科研机构和高校拥有雄厚的科研实力和人才优势，企业则掌握着市场信息和产业化资源。通过合作，双方可以实现优势互补，避免资源浪费和重复建设。科研机构和高校可以利用企业提供的研发平台和财力支持，突破科研条件的限制，企业则能够借助高校的科研力量，加快新技术的研发和应用。这种资源整合与优化配置，提高了科技创新的效率和效益。

二、产学研合作的组织形式

（一）标准合作模式

在标准合作模式下，高校、科研机构和企业基于各自的资源禀赋和能力优势，建立紧密的合作关系。高校凭借其雄厚的科研实力和人才优势，为合作提供知识、技术、人力等创新要素；科研机构依托其先进的科研装备和专业的研发团队，为合作提供关键技术突破和实验测试支持；企业利用其市场渠道、生产能力和资金实力，为合作提供产业化平台和资源保障。三方在明确的协议框架内，按照约定的职责分工和利益分配机制，共同推进科技成果的转化和应用。

标准合作模式的运作通常遵循一定的流程和规范。首先，合作各方需要在前期进行充分的沟通对接，明确合作的目标、内容、方式等关键要素，并签订正式的合作协议，确立合作关系。在协议中，各方应对科研任务、资金预算、知识产权归属、收益分配等事项做出明确约定，为后续合作奠定制度基础。其次，合作正式启动后，高校和科研机构要与企业密切配合，根据合作内容开展针对性的研发工作，攻克关键核心技术，形成具有自主知识产权的科技成果。同时，企业要做好成果转化的各项准备，包括市场调研、工艺优化、生产组织等，以确保科技成果能够顺利实现产业化。再次，在成果转化的关键阶段，高校和科研机构需要提供必要的技术支持和服务，协助企业解决产业化过程中遇到的问题，提高成果转化的成功率。最后，合作各方要加强成果转化后的跟踪反馈，定期总结经验教训，优化合作模式和机制，推动产学研合作持续深入发展。

标准合作模式在实践中已经积累了丰富的经验，产生了显著的效果。一方面，高校和科研机构通过产学研合作，既拓展了科研工作的应用空间，又获得了产业界的资金支持和实践反馈，有利于提升科研水平和提高人才培养质量。另一方面，企业通过产学研合作，能够及时获取先进的科技成果和高层次人才，加快新产品、新技术的研发和应用，提高核心竞争力和市场占有率。

（二）创新合作模式

创新合作模式以开放、协作、共享为理念，强调多主体的平等参与和互利共赢，突破了传统合作模式中的壁垒和局限。

在创新合作模式下，高校、科研院所不再是单纯的知识供给者，而是与企业形成利益共同体，共同承担研发风险，分享创新成果。这种模式充分调动了各方的积极性和创造性，有利于加快科技成果转化，推动产业升级和经济发展。同时，创新合作模式为高校和科研院所提供了更加广阔的应用场景和实践平台，促进了人才培养和学科建设。

创新合作模式注重组织形式的多样化和灵活性。在这种模式下，产学研主体可以根据合作需求和目标，采取多种形式开展协同创新。例如，可以组建联合实验室、研发中心等实体化平台，实现资源共享和优势互补，也可以采取虚拟团队、网络协作等非实体化方式，突破时空限制，实现远程协同。这种灵活多样的组织形式，有利于产学研主体结合自身特点和需求，构建最优的协同创新生态系统。

创新合作模式注重推动产学研全过程融合，实现创新链、产业链、价值链的有机衔接。在这种模式下，产学研合作不再局限于单个环节或阶段，而是贯穿创新活动的全过程。从基础研究到应用开发，再到成果转化和产业化，产学研主体始终保持密切合作和良性互动，共同推进科技成果的产出和转化。这种全过程融合有利于提高创新效率，缩短创新周期，加速科技成果的产业化进程。

创新合作模式注重开放协同。在全球化背景下，单个主体或区域的创新资源和能力已经难以应对日益复杂的创新挑战。创新合作模式倡导打破地域和部门的界限，实现跨区域、跨行业、跨学科的协同创新。这不仅有利于整合优质创新资源，实现资源的优化配置，还能够促进不同知识和技术的交叉融合，催生更多原创性成果。开放协同的理念使中小微企业、创新创业团队等新兴创新主体能够更好地参与到产学研合作中来，为创新注入新的活力。

与传统模式相比，创新合作模式在治理机制上有所创新。创新合作模式更加强调利益相关方的共同治理和民主决策，建立起平等对话、充分协商的机制。通过合理分配权责，明确各方权利义务，创新合作模式形成了"共建共享、风险共担、利益均沾"的良性互动局面。同时，创新合作模式注重引入第三方评估、社会监督等外部治理机制，提高合作的透明度和规范性，防范道德风险和机会主义行为。

三、产学研合作的实施途径

（一）前期准备

在前期准备阶段，合作各方需要深入调研市场需求，明确合作目标，设计合作方案，为后续的协同创新奠定坚实基础。

1. 需求分析

产学研各方应充分利用自身优势，多渠道收集市场信息，全面了解行业发展动向和技术需求。高校和科研机构要深入一线，通过实地调研、问卷访谈等方式，掌握企业在生产实践中遇到的技术瓶颈和创新需求。企业则要立足市场，从消费者偏好、竞争格局等角度出发，提炼关键技术需求。通过需求分析，合作各方可以找准科技成果转化的突破口，确保合作项目紧扣市场脉搏，具有广阔的应用前景。

2. 制订合作方案

合作各方要进一步细化合作目标，制订科学可行的合作方案。合作各方要充分考虑资源禀赋、技术优势和现实条件，找到利益契合点。科研机构要结合自身研究方向和创新成果，提出切实可行的技术方案；高校要发挥人才培养优势，为项目实施提供智力支持；企业要合理估算成本收益，确保项目商业可行性。同时，还要协商知识产权归属、利益分配等关键事项，构建公平合理的利益共享机制。只有在框架构建阶段达成一致，后续的合作才能有的放矢，降低风险，提高成功率。

3. 建立顺畅的交流机制

产学研合作涉及主体多、链条长，容易出现信息不对称、诉求不一致等问题，影响合作效率。因此，要成立专门的协调机构，设置联络人，定期召开碰头会，及时掌握各方动态，协调资源配置。同时，还要营造开放、互信的合作氛围，鼓励各方充分表达意见，化解分歧，形成合力。

（二）中期协作与挑战应对

在产学研合作的中期阶段，合作各方需要建立高效的协作机制，确保信息的及时沟通和资源的优化配置。通过定期召开联席会议、建立共享平台等方式，加强产学研主体之间的交流，及时发现和解决合作过程中出现的问题，形成协同创新的良性循环。

中期阶段往往会遇到诸多技术瓶颈和现实困境，考验产学研合作的韧性和创新力。面对挑战，合作各方要发挥各自优势，群策群力，攻坚克难。高校和科研机构要充分发挥人才优势和科研优势，为企业提供智力支持和技术支撑；企业要积极投入资金和设备，为科研成果的产业化提供现实土壤；相关部门要发挥桥梁纽带作用，为产学研合作营造良好的制度环境和政策氛围。只有多方携手，形成合力，才能有效破解合作中遇到的难题，推动科技成果加速转化为现实生产力。

在中期阶段，要注重对人才的培养和团队的建设。产学研合作不仅是科技创新的过程，也是人才培养的平台。通过联合培养研究生、建立实习实践基地等方式，可以为企业输送高质量的科技人才，为高校和科研机构提供实践锻炼的机会，实现人才培养与科技创新的双赢。同时，还要加强合作团队的凝聚力和创新力建设，通过组织团建活动、开展学术交流等方式，增进团队成员的互信和默契，激发团队的创新活力，为合作的深入推进提供持久动力。

（三）后期成果转化与改进

产学研合作开展科技成果就地转化，并非结束于项目完成。合作各方应建立长效机制，将成果转化过程中的经验教训及时反馈，不断优化合作模式，提高成果转化质量。

产学研各方应建立定期沟通机制，就成果转化中遇到的问题进行深入交流，分析问题的根源，共同探讨解决方案。高校、科研院所要主动了解企业在成果应用中的实际需求，及时调整研发方向，提高成果的适用性和可转化性。企业要积极反馈成果应用情况，为科研工作提供现实依据和改进方向。

产学研合作要建立成果转化绩效评估体系，科学评价合作成效。评估指标应兼顾科技创新、经济效益、社会影响等多个维度，全面反映成果转化的综合价值。评估结果要作为后续合作的重要依据，奖优罚劣，激励各方深化合作，持续优化成果转化途径。评估过程中暴露的问题，要及时反馈给相关方，推动其切实改进，形成闭环管理，促进成果转化良性循环。

产学研合作要注重培育转化人才，打造"产学研用"一体化团队。高校要创新人才培养模式，加强应用型人才培养，为成果转化输送"新鲜血液"。科研院所要创新用人机制，吸引更多技术人员投身成果转化，在实践中锤炼本领；企业要完善激励政策，调动科技人员参与成果转化的积极性，为其提供施展才华的舞台。各方要加强人员交流，促进知识融通，提升协同创新能力，为成果转化提供智力支撑。

四、产学研合作的风险管理

(一) 风险分类与识别

1. 风险分类

(1) 内部风险

内部风险主要包括技术风险、管理风险和文化风险。技术风险是指合作各方在技术开发、转移和应用过程中可能遇到的技术障碍和不确定性，如关键技术难以攻克、技术转移不畅等；管理风险是指合作各方在项目管理、资源配置、沟通协调等方面存在的问题和隐患，如管理混乱、资源浪费、信息不对称等；文化风险是指合作各方在价值观念、行为方式、组织文化等方面的差异和冲突，如学术文化与企业文化的碰撞、学者与企业家的思维方式差异等。

(2) 外部风险

外部风险主要包括市场风险和社会风险。市场风险是指合作成果能否被市场接受、能否实现预期经济效益的不确定性，如市场需求变化、竞争加剧、产品销售不畅等；社会风险是指合作项目在推进过程中可能遭遇的社会质疑、负面舆论、道德争议等，如研发项目引发环境污染、产品缺陷危及公众健康等。

2. 风险识别

识别产学研合作风险需要从多维度、全方位入手。从合作主体看，高校、科研院所、企业不同的组织属性、战略目标、利益诉求都可能成为风险的源头；从合作内容看，基础研究、应用开发、成果转化的不同阶段，技术、资金、人才、信息等不同要素的投入和配置都蕴藏着风险因素；从合作过程看，项目立项、协议签订、实施管理、成果分配等各个环节的决策和执行都可能引发风险；从合作环境看，市场环境、政策环境、法律环境、社会环境的不确定性变化都可能给合作项目带来冲击。

(二) 风险控制策略

面对复杂多变的内外部环境，合作各方必须高度重视风险防范，采取有效措施降低各类风险带来的负面影响。这不仅关乎合作项目的顺利推进，更关乎产学研合作机制的长效运行。

1. 建立风险识别机制

产学研合作涉及产业、高校、科研机构等多个利益主体，风险因素错综复杂。合作各方应该建立完善的风险识别机制，全面梳理合作过程中可能遭遇的各类风险，如技术风险、市场风险、法律风险、财务风险等。只有对潜在风险有清晰的认知，才能有的放矢地制定应对策略。

2. 建立风险预警机制

风险预警是指根据风险识别的结果，持续监测合作过程中的各项指标，及时发现异常情况并拉响警报。合作各方要建立起信息共享和沟通协调的机制，确保风险信息能够及时传递、迅速响应。同时，合作各方还应制定科学合理的预警指标体系，明确风险等级和处置流程，确保风险预警机制真正发挥作用。

3. 完善风险分担机制

在产学研合作中，风险分担的原则应该是风险与收益相匹配、权责利相统一。合作各方要在协议中明确各自的权利义务和风险责任，确保风险发生时有据可依、责任明晰。同时，要合理设计风险分担的比例和方式，避免单方承担过大风险。必要时，还可以引入第三方机构参与风险分担，如购买保险、成立风险准备金等，从而有效减少风险损失。

4. 优化风险处置流程

一旦风险发生，合作各方必须快速反应、协同应对，最大限度地减少损失。这就需要提前制订周密的风险处置预案，明确处置流程和责任人，确保风险发生时能够有序应对。同时，还要注重总结经验教训，优化风险处置流程，提高风险管控的效率和效果。

5. 增强风险意识和风险管理能力

在产学研合作中，无论是企业、高校还是科研机构，都应树立强烈的风险意识，将风险管理纳入日常管理和决策之中。同时，要加强风险管理能力的培养，通过专业培训、经验交流等方式，提升管理者的风险辨识、评估和处置能力，为风险控制提供坚实的人才支撑。

（三）风险监测与应急预案

在产学研合作中，由于涉及多方利益主体，项目周期较长，外部环境变化多端，各类风险因素错综复杂。如果没有完善的风险监测和应急机制作为保障，一旦出现重大风险事件，极易引发连锁反应，给合作各方造成严重损失。因此，产学研合作各方必须高度重视风险管理，未雨绸缪，制订周全的风险监测方案和应急预案。

在风险监测方面，首先，要建立专门的风险管理团队，由各方代表组成，负责风险的识别、评估、监测和处置等工作。风险管理团队要全程参与合作项目，及时掌握项目进展情况，识别潜在的风险因素。其次，要制定科学的风险评估指标体系，从技术、市场、法律、财务等多个维度，定量和定性相结合地评估各类风险的发生可能性和影响程度，并进行风险分级和优先级排序。再次，要建立完善的风险监测和预警机制。利用大数据、人工智能等先进技术手段，实时采集项目数据，对各类风险指标进行动态监测，一旦发现异常情况，及时预警，启动应急处置程序。最后，要加强内部控制，完善合作协议条款，明确各方权利义务，规范资金使用，防范道德风险。

在风险应急预案方面，产学研合作伙伴要本着"预防为主，防患于未然"的原则，根据风险评估结果，针对不同风险等级，制订相应的应急处置方案和流程。一旦风险事件发生，要快速响应，启动应急预案，控制事态，将损失降到最低。应急预案要明确各方职责分工，建立高效的沟通协调机制，确保应急处置及时、有序、有效。同时，要定期开展应急演练，检验应急预案的可操作性和有效性，根据实际情况及时修订完善。

第三节　区域协同型转化模式

一、区域科技资源整合

（一）资源调查与评估

只有全面、系统地了解区域内科技资源的现状、特点和潜力，才能制订出科学、合理的区域科技资源整合方案，最大限度地发挥区域优势，促进科技成果就地转化。

区域科技资源调查需要从多个维度展开。首先，要摸清区域内高校、科研院所、企业等创新主体的基本情况，包括其数量、规模、研究方向、人才队伍、科研设施等，这是把握区域科技创新能力的基础。其次，要深入分析各类创新主体的科技成果产出情况，重点关注其质量、数量、转化应用情况等，这是评估区域科技创新绩效的关键。最后，要关注区域产业发展需求，调查区域内支柱产业、战略性新兴产业等对关键技术的需求，这是推动科技成果就地转化的重要依据。

在全面调查的基础上，区域科技资源评估应坚持定性与定量分析相结合、静态与动态分析相结合的原则。定性分析主要从区域科技资源的结构布局、优势领域、发展潜力等方面进行综合判断；定量分析运用计量学方法，构建指标体系，科学测度区域科技资源存量、增量及其配置效率。同时，评估还应注重动态分析，紧跟区域经济社会发展形势，及时调整评估内容和指标，以提高评估的针对性和实效性。

科学、全面的区域科技资源调查与评估，能够为区域协同创新提供重要的决策参考和行动指南。一方面，调查评估结果能够帮助区域准确识别科技创新短板，找准资源整合的突破口，有针对性地制定区域创新战略和规划；另一方面，调查评估为区域内创新主体搭建了沟通协作的平台，有利于其加强交流对接，实现优势互补、资源共享。

（二）资源共享机制

科技资源是区域创新发展的要素，包括科技人才、科研设施、科技信息、科技成果等。这些资源在区域内往往呈现出分散、封闭、重复建设的状态，难以发挥出应有的效用。因此，打破资源壁垒，促进资源开放共享，已经成为区域协同创新的必然选择。

建设区域性科技资源共享平台，应遵循统筹规划、分工协作、互利共赢的原则。首先，要加强顶层设计，科学规划共享平台的功能定位、架构布局和运行机制，确保平台建设与区域创新发展战略相协调。其次，要发挥各创新主体的主观能动性，鼓励高校、科研院所、企业等根据自身优势和需求参与平台建设，形成分工明确、优势互补的协同格局。最后，要树立"共享即发展"的理念，完善科技资源共享的政策制度，建立科学合理的利益分配机制，调动各方参与共享的积极性。

科技资源共享平台的建设内容丰富，涵盖科技人才、科研设施、科技信息、科技成果等方面。在科技人才共享方面，可以依托平台建立区域性人才信息库，实现人才供需精准对接；搭建人才交流培养平台，促进人才在区域内流动；完善人才激励机制，为人才脱颖而出创造条件。在科研设施共享方面，应对区域内科研仪器设备等资源进行摸底调查，建立统一的设施共享服务平台，实现设施开放共享和高效利用；加强科研基础设施和科研条件平台建设，为协同创新提供硬件支撑。在科技信息共享方面，要加快构建科技创新公共服务平台，实现创新资源、政策文件、项目信息、科技报告等信息资源的集聚与共享；加强科技信息的分析、挖掘与再利用，为区域决策提供智力支持。在科技成果共享方面，应建立区域性科技成果信息发布平台，加强科技成果汇交与共享；完善科技成果转移转化机制，促进科技成果在区域内转化应用。

区域科技资源共享平台的有效运行，需要加强平台的管理和服务。要建立健全平台管理体系，明确管理主体、管理职责和管理流程，确保平台规范有序运行；要不断创新服务模式，拓展服务内容和服务渠道，提高平台的吸引力和影响力；要加强平台绩效评估，建立科学的评价指标体系，持续优化平台功能和服务质量。只有不断完善平台建设，提升平台管理服务水平，才能充分发挥共享平台的纽带作用，为区域协同创新注入不竭动力。

（三）资源整合策略

实施科技资源整合是区域协同型科技成果转化模式的关键举措。科技资源是科技创新和成果转化的基础，也是区域协同发展的重要支撑。然而，当前我国区域科技资源分布不均衡、利用效率不高的问题依然突出，制约了区域协同创新能力的提升。因此，深入推进区域科技资源的优化配置和整合共享，已经成为推动区域科技进步和经济社会发展的迫切需要。

1. 全面调查区域内科技资源的现状和潜力

科技资源涵盖人才、资金、信息、设施设备等要素，不同区域和不同类型的创新主体在资源禀赋上存在较大差异。只有准确掌握区域内高校、科研院所、企业等创新主体的科技资源状况，才能为后续的资源整合提供决策依据。在此基础上，应进一步分析区域科技创新和产业发展的重点方向，评估现有科技资源的支撑能力，找出资源短板和优势领域，为资源整合确立目标导向。

2. 构建区域性的科技资源共享平台

传统的科技资源配置方式往往以单个创新主体为单位，资源分散、封闭，难以实现优势互补和协同创新。共享平台能够打破机构和地域的限制，实现资源的优化组合和集成共享。一方面，共享平台可以集中高校、科研院所的科研仪器设备、科技文献、实验数据等创新资源，建立开放共享的资源池，供区域内各类创新主体按需使用；另一方面，共享平台能发挥信息交互和技术撮合的功能，促进科技人才、科技项目在区域间的双向流动，为协同创新搭建桥梁。

3. 制定科学合理的实施策略和路线图

资源整合是一项复杂的系统工程，涉及多个利益主体，需要统筹兼顾、循序渐进。在整合过程中，要充分尊重创新主体的自主权，调动其参与资源共享的积极性；要处理好整合效益与成本的关系，在保证资源共享广度和深度的同时，兼顾投入产出比，提高资源利用效率。

二、区域创新平台建设

（一）创新平台的功能定位

创新平台通过整合区域内外的创新资源，搭建产学研用协同创新网络，为科技成果转化提供全方位支撑。创新平台的功能定位决定了其在区域创新体系中的核心地位和引领作用。

从知识创新的角度看，创新平台是开展前沿科学研究和关键技术攻关的基地。通过汇聚高层次科研人才，建设高水平实验室和研发中心，创新平台为原始创新、集成创新等活动提供了必要的物质基础和智力支持。同时，创新平台还承担着培养创新人才的重任，通过与高校合作共建研究生培养基地，开展创新创业教育等，为区域创新发展提供源源不断的人才储备。

从技术创新的角度看，创新平台是推动科技成果转化和产业化的关键纽带。一方面，创新平台通过构建技术创新链条，将基础研究、应用开发、中试熟化等环节有机衔接，缩短科技成果从实验室到市场的距离；另一方面，创新平台发挥着"孵化器"和"加速器"的作用，为科技型中小企业提供全生命周期服务，帮助其快速成长和壮大。

从产业创新的角度看，创新平台是引领产业转型升级、培育新兴产业的策源地。通过开展产业技术路线图研究，前瞻性地布局未来产业方向，创新平台可以引导区域产业发展方向，推动传统产业改造提升。同时，依托创新平台的研发优势和资源整合能力，加快新技术、新产品、新业态的孵化和推广，不断催生新的经济增长点，形成产业创新发展的新动能。

（二）创新平台的建设要求

区域创新平台应致力于成为区域创新资源的汇聚中心和辐射源。一方面，创新平台要积极吸纳和集聚区域内外的优质创新资源，包括高校、科研院所、企业、金融机构等创新主体，以及人才、技术、资本、信息等创新要素。通过资源的有效配置和优化组合，创新平台能够形成"1+1>2"的协同效应，激发区域创新活力；另一方面，创新平台应成为区域创新成果的辐射源，通过技术转移、成果转化、人才培养等方式，将创新资源的价值充分释放出来，服务于区域经济社会发展。

区域创新平台需要在技术、服务、管理等方面达到较高水平。在技术层面，创新平台应具备先进的科研仪器设备和实验条件，能够支撑前沿技术领域的研发创新活动。同时，平台还应搭建信息化管理系统，实现资源共享和业务协同。在服务层面，创新平台要建立完善的技术服务体系，提供技术咨询、检测认证、成果转化等专业化服务，满足区域创新主体的多元化需求。在管理层面，创新平台应建立健全的组织管理架构和运行机制，引入市场化运作模式，提高运行效率和管理水平。特别是要建立严格的绩效评估机制，定期考核创新平台的建设成效和运行状况，确保其持续健康发展。

区域创新平台的建设应注重开放性和协同性。创新平台要主动对接国家和区域发展战略，积极融入国内外创新网络，吸收、借鉴先进经验。同时，创新平台要发挥好联结政产学研用各方面的纽带作用，推动不同创新主体间的交流合作，促进技术、人才、资本等创新要素的深度融合，形成良性互动、协同发展的创新生态系统。只有立足开放协同，区域创新平台才能真正成为推动科技成果就地转化的强大引擎。

（三）创新平台的效能评价

构建科学、系统、可操作的评价体系，不仅能够客观反映创新平台的运行状态和实际效果，还能为优化创新平台管理、提高服务质量提供重要依据。

创新平台效能评价体系的构建应立足区域科技创新的实际需求，围绕创新资源集聚、产学研用协同、成果转移转化等核心环节展开。一方面，评价指标体系要全面覆盖创新平台的各项职能，包括科技资源共享、技术服务、企业孵化、人才培养、科技金融等，充分反映创新平台在区域创新生态系统中的作用和贡献；另一方面，评价指标的设置要突出针对性和可测性，既要与创新平台的战略定位相匹配，又要便于数据采集和量化考核，确保评价结果的客观性和准确性。

在具体指标选择上，创新平台效能评价体系可从投入、产出、效益等维度入手。投入指标主要衡量创新平台汇聚科技资源的能力，如聚集的科技人才数量、引进的科研仪器设备价值、吸纳的科研项目经费等；产出指标重点考查创新平台的科研产出和服务绩效，如发表的论文数量、获得的专利数量、孵化的科技型企业数量、提供的技术服务项目数等；效益指标侧重评估创新平台的社会经济效益，如带动的区域产业升级、促进的新兴产业发展、提升的区域创新能力等。

创新平台效能评价体系的构建需要建立配套的数据采集、分析和反馈机制。通过构建创新平台信息管理系统，实现评价数据的及时采集、动态更新和智能分析，为创新平台效能评价提供充分、可靠的数据支撑。同时，要建立多元化的评价反馈渠道，定期公布评价结果，听取社会各界的意见和建议，不断优化、完善评价体系，提高其科学性和公信力。

三、区域产业链协同

（一）产业链上中下游协作

目前，随着市场竞争日益激烈，单一企业难以独立应对复杂多变的市场环境。只有通过产业链上中下游企业间的紧密合作，整合各方优势资源，才能实现区域产业的协同发展。

产业链上游企业在技术研发、原料供应等方面具有重要作用。上游企业掌握着产业链的源头，其创新能力和供应质量直接影响下游企业的生产经营。因此，加强与上游企业的战略合作，建立稳定可靠的供应关系，对于下游企业至关重要。通过与上游企业共享信息，合作开发新技术、新产品，下游企业能够提升自身的核心竞争力。

产业链下游企业在产品销售、市场开拓等方面发挥着关键作用。下游企业直接面对消费者，掌握着市场需求动向。通过与下游企业加强沟通，及时了解市场反馈，上游企业能够优化产品设计，提高产品适销性。同时，下游企业还可以为上游企业提供重要的渠道支持，帮助其拓展市场空间。

产业链中游企业处于承上启下的关键环节，在连接上下游、促进产业协同方面发挥着纽带作用。中游企业通过整合上下游资源，优化生产流程，能够有效提升产业链整体效率。同时，中游企业还可以发挥自身的技术优势，为上下游企业提供关键性支持，推动产业链向高端化、智能化方向发展。

加强产业链上下游协作，需要构建多层次、多维度的合作机制。首先，要建立信息共享平台，促进产业链各环节间的实时沟通。通过数据共享，企业能够及时掌握上下游动态，快速响应市场变化。其次，要发展战略联盟，实现优势互补、风险共担。通过联合研发、共建生产基地等方式，企业可以突破单打独斗的局限，提升整体实力。最后，要完善利益分配机制，确保各方合作的可持续性。通过合理分配收益，调动各方积极性，产业链才能实现长期稳定发展。

（二）跨区域产业链整合

随着经济全球化的深入发展，区域间的经济联系日益紧密，产业分工不断深化。仅仅依靠单一区域内部的资源和要素投入，已经难以满足现代产业发展的需求。为了实现更高质量、更有效率的增长，区域必须打破地理边界的限制，积极融入更广阔的经济空间，构建跨区域的产业链条。

从供给侧来看，跨区域产业链整合有助于优化资源配置。不同区域在自然禀赋、人力资本、技术水平等方面存在差异，通过跨区域合作，可以实现优势互补，发挥各自的比较优势。资源富集地区可以为产业链提供充足的原材料供给，技术先进地区可以为产业链注入创新动力，劳动力成本低廉地区可以承担加工制造环节。这种基于区域特点的分工协作，能够提高产业链整体的运行效率，降低生产成本。

从需求侧来看，跨区域产业链整合有利于拓宽市场空间。随着消费需求的不断升级，单一区域的市场容量已经难以支撑产业的可持续发展。通过跨区域合作，企业可以跳出本地市场的限制，进入更加广阔的消费市场。这不仅为企业提供了更多的发展机遇，也为区域经济注入了新的增长动力。同时，跨区域市场的开拓还能促进区域间的要素流动和交换，带动相关产业的发展，形成良性互动的经济循环。

政府在推动跨区域产业链整合中发挥着关键作用。一方面，政府要加强顶层设计，制定区域协调发展战略，为跨区域合作提供制度保障和政策支持；要打破行政区划的壁垒，推动区域间在基础设施、公共服务、生态环保等领域的协同发展，为产业链整合创造良好的外部环境。另一方面，政府要积极搭建合作平台，鼓励区域间开展产业对接和项目合作。可以定期举办跨区域经贸合作论坛、产业发展研讨会等活动，为企业搭建交流合作的桥梁。同时，政府还要加大财政支持力度，设立专项资金，重点支持跨区域产业链整合项目。

（三）产业链协同发展动力机制

要激发区域产业链内外协同创新的动力，就必须从产业链利益相关方的内在需求出发，建立合理的利益分配机制和风险共担机制，调动各方主体参与协同创新的积极性。同时，还需要完善产业链上中下游企业之间的信息共享和交流合作机制，推动技术、人才、资本等创新要素在产业链内部的流动和优化配置。

1. 产业链利益分配机制

在产业链协同过程中，链上各环节企业投入了大量的人力、物力和财力，承担了相应的风险和成本。只有建立起公平合理的利益分配机制，明确各方的权利和义务，才能调动企业参与协同的积极性。利益分配机制的设计应该遵循贡献与回报对等的原则，根据各方主体在协同创新中的贡献大小来确定其利益分配比例。同时，还要兼顾产业链上中下游企业的利益平衡，避免利益分配失衡导致协同创新的动力不足。

2. 风险共担机制

协同创新是一项复杂的系统工程，面临着技术风险、市场风险、管理风险等多重挑战。任何一方主体都难以独立承担全部风险，需要通过风险共担机制来分散和化解风险。风险共担机制的建立要以利益共享为基础，根据各方主体的风险承受能力和贡献大小来确定风险分担比例。同时，还要引入第三方机构参与风险评估和管理，提高风险防控的专业性和有效性。

3. 信息共享机制

在产业链条上，信息是连接各环节的关键要素，信息的畅通与共享直接影响协同创新的效率和质量。因此，必须建立高效的信息共享机制，打破信息壁垒，实现产业链内部的信息互联互通。一方面，要充分利用现代信息技术手段，构建产业链信息共享平台，为各方主体提供及时、准确、全面的信息服务；另一方面，要建立信息共享的制度规范，明确信息共享的内容、范围、方式和频率，确保信息共享的安全性和有效性。

4. 人才流动机制

人才是创新的根本动力，产业链协同创新离不开高素质创新人才的参与。要打破人才流动的体制机制障碍，促进人才在产业链内部的流动和优化配置。首先，要完善人才培养和引进机制，加强产业链协同创新所需要的复合型人才队伍建设。其次，要建立人才共享机制，鼓励产业链上中下游企业开展人才交流与合作，实现人才资源的互补与共享。最后，要健全人才激励机制，完善薪酬福利体系，调动人才参与协同创新的积极性和创造性。

5. 技术转移机制

产业链协同创新的最终目标是形成新技术、新产品、新模式，推动区域产业转型升级。要加快创新成果的转化和应用，就必须建立高效的技术转移机制，畅通产学研用的渠道。首先，要完善技术交易市场和服务体系，为技术转移提供信息、政策等方面的支持，其次，要健全技术转移的利益分配机制，明确产权归属和收益分成，调动各方主体参与技术转移的积极性。最后，要加强知识产权保护，维护创新主体的合法权益，营造良好的技术转移环境。

6. 资本运作机制

协同创新是一个持续投入、滚动发展的过程，需要大量的资金支持。要加大金融支持力度，创新金融产品和服务，为产业链协同创新提供多元化、个性化的融资渠道。首先，要发挥相关部门引导基金的杠杆撬动作用，带动社会资本加大对协同创新项目的投入力度。其次，要鼓励金融机构加强与产业链龙头企业的合作，为中小企业提供信贷、担保等金融服务。最后，要拓展企业直接融资渠道，支持符合条件的企业通过股权融资、债券融资等方式募集资金。

7. 制度环境保障

良好的制度环境是协同创新的"助推器",有利于调动各方主体的积极性、保障协同创新的有序进行。要加快构建适应产业链协同创新需求的制度体系,在政策支持、法治建设、服务优化等方面持续发力。一方面,要制定精准有效的产业政策,加大对协同创新的政策扶持力度;另一方面,要加快法治建设步伐,用法治规范产业链协同行为,维护公平竞争的市场秩序。

参考文献

[1] 周贺微. 科技成果转化激励 理论 法规政策与进路 [M]. 北京：知识产权出版社，2024

[2] 李华. 高校科技成果转化对策研究 [M]. 秦皇岛：燕山大学出版社，2021.

[3] 张苏雁. 科技中介参与的高校科技成果转化机制研究 [M]. 北京：中国财富出版社，2022.

[4] 田国华. 大数据产业政策变迁与科技成果转化 [M]. 北京：中国商务出版社，2021.

[5] 花之蕾. 专利运营理论视角下的高校科技成果转化研究 [M]. 石家庄：河北科学技术出版社，2020.

[6] 祁红梅，张路路. 促进高校科技成果转移转化机制研究 [M]. 北京：中国社会科学出版社，2023.

[7] 王晓梅，刘永涛，荣丽卿. 新形势下高新技术成果转化研究 [M]. 北京：北京工业大学出版社，2023.

[8] 张浩. 科技成果转化的战略绩效评价研究 [M]. 北京：中国社会科学出版社，2022.

[9] 姜雪. 科技成果转化评价方法的对比关系 [M]. 北京：北京大学医学出版社，2022.

[10] 吕运强. 科技成果转化与技术标准创新 [M]. 北京：中国电力出版社，2022.

[11] 张玉华，原振峰. 高校科技成果转化嵌套共生平台治理范式研究 [M]. 上海：上海交通大学出版社，2023.

[12] 方齐. 科技成果转化政策组态效应及绩效提升 基于多层视角的研究 [M]. 北京：经济科学出版社，2023.

[13] 罗茜，倪杰. 创新生态视域下高校科技成果转化研究 以江苏省为例 [M]. 北京：清华大学出版社，2023.

[14] 许健. 科技成果转移转化与科技招商引资研究 [M]. 昆明：云南科技出版社，2022.

[15] 王素娟. 高校科技成果转化法律保障机制研究 [M]. 北京：中国政法大学出版社，2022.